JEAN SBOGAR.

> Ne cherchons pas à débrouiller pourquoi l'innocent gémit, tandis que le crime est revêtu de la robe d'honneur: le jour des vengeances, le jour de la rétribution éternelle peut seul nous dévoiler le secret du juge et de la victime.
>
> (*Épigraphe du chap. XII.*)

PARIS,

GIDE FILS,
rue Saint-Marc-Feydeau, n° 20.

HENRI NICOLLE,
rue de Seine, n° 12.

1818.

JEAN SBOGAR.

II.

J. SMITH, IMPRIMEUR,
rue Montmorency, n°. 13.

JEAN SBOGAR.

Ne cherchons pas à débrouiller pourquoi l'innocent gémit, tandis que le crime est revêtu de la robe d'honneur : le jour des vengeances, le jour de la rétribution éternelle peut seule nous dévoiler le secret du juge et de la victime.

(*Épigraphe du chap. XII.*)

TOME SECOND.

PARIS,

GIDE FILS,
rue Saint-Marc-Feydeau, n° 20.

HENRI NICOLLE,
rue de Seine, n° 12.

1818.

JEAN SBOGAR.

CHAPITRE X.

> On est détrompé sans avoir joui ;
> il reste encore des désirs, et l'on n'a
> plus d'illusions. L'imagination est
> riche, abondante et merveilleuse ;
> l'existence pauvre, sèche et désen-
> chantée. On habite avec un cœur
> plein, un monde vide, et sans avoir
> usé de rien ; on est désabusé de tout.
>
> CHATEAUBRIAND.

L'INTIMITÉ de Lothario étoit devenue un besoin pour Antonia, que l'espérance de ramener son cœur à la foi enflammoit d'un zèle plein de tendresse, et qui l'aimoit déjà vivement avant de s'être avoué qu'elle l'aimoit. Elle n'étoit pas moins précieuse à madame Alberti, qui, de plus en plus inquiète sur le sort d'une jeune fille sans appui, qui entroit dans le monde avec une organisation débile, une santé chancelante, et une disposition extrême à subir douloureusement toutes les impressions fortes, ne concevoit la possibilité de lui assurer quelque bonheur qu'en lui faisant trouver, dans une affection puissamment sentie, une protection de plus contre les froissemens de la vie. Elle voyoit un grand avantage à aider de bonne heure l'attachement presque maternel qu'elle avoit pour sa sœur, du secours d'un sentiment plus tendre encore et plus prévoyant, tel qu'Antonia l'avoit sans doute inspiré à Lothario, quoique, par une singularité difficile à définir, il évitât de rapporter ce qu'il éprouvoit si évidemment à aucun être particulier. On auroit cru qu'il s'étoit formé dans un monde plus élevé quelque type admirable de perfection dont la figure et le caractère d'Antonia ne faisoient que lui retracer le souvenir, et que s'il arrêtoit sur elle ses regards avec une attention si vive et si tendre, c'est que ses traits réveilloient en lui une réminiscence dont l'objet n'étoit pas sur la terre. Cette circonstance avoit entretenu dans leurs rapports une sorte de mystère pénible, qui étoit à charge à tous, mais que le temps seul pouvoit éclaircir. Antonia se trouvoit assez heureuse d'ailleurs de l'amité d'un homme tel que Lothario; et son ame, timide et défiante, qui comprenoit bien un autre bonheur, n'eût pas osé le désirer. Sa vue s'embellissoit de l'idée qu'elle occupoit la vie de Lothario, et qu'elle avoit pris dans les pensées de cet homme extraordinaire une place que personne, peut-être, ne partageoit avec elle. Quant à Lothario, sa mélancolie s'augmentoit tous les jours, et s'augmentoit surtout de ce qui sembloit propre à la dissiper. Souvent, en serrant la main de madame

Alberti, en reposant ses yeux sur le doux sourire d'Antonia, il avoit parlé de son départ avec un soupir étouffé, et ses paupières s'étoient mouillées de larmes.

Cette disposition mélancolique de l'esprit, qui leur étoit commune, les éloignoit des lieux publics et des plaisirs bruyans auxquels les Vénitiens se livrent pendant la plus grande partie de l'année. Leur temps se passoit ordinairement en promenades sur les lagunes, dans les îles qui y sont semées, ou dans les jolis villages de la Terre-Ferme qui bordent les rives élégantes de la Brenta. Cependant, de tous les lieux où ils aimoient à se retrouver, il n'en étoit aucun qui leur offrît plus de charmes qu'une île étroite et alongée que les habitans de Venise appellent Lido, ou le rivage, parce qu'elle termine en effet les lagunes du côté de la grande mer, et qu'elle est comme leur limite. La nature semble avoir imprimé à ce lieu un caractère particulier de tristesse et de solennité, qui ne réveille que des sentimens tendres, qui n'excite que des idées graves et rêveuses. Du côté seulement où il a vue sur Venise, le Lido est couvert de jardins, de jolis vergers, de petites maisons simples, mais pittoresques. Aux beaux jours de fête de l'année, c'est le rendez-vous des gens du peuple qui viennent s'y délasser des fatigues de la semaine, par des jeux et des danses champêtres. De là, Venise se développe aux yeux dans toute sa magnificence; le canal, couvert de gondoles, présente dans sa vaste étendue l'image d'un fleuve immense, qui baigne le pied du palais ducal et les degrés de Saint-Marc. Une pensée amère serre le cœur, quand on distingue au-dessous de ces dômes majestueux les murs noircis par le temps de l'inquisition d'état, et quand on réfléchit à la quantité innombrable de victimes que ces cachots ont dévorées. En remontant vers la crête du Lido, on se sent attiré par l'aspect d'un bosquet de chênes qui en occupe toute la partie la plus élevée, qui s'étend en rideau de verdure au-dessus du paysage, ou qui s'y divise çà et là en groupes frais et ombreux. On croiroit, au premier abord, que cet endroit, favorable à la volupté, ne renferme d'autres mystères que ceux du plaisir; il est consacré aux mystères de la mort. Un grand nombre de tombes éparses, chargées de caractères singuliers et inintelligibles pour la plupart des promeneurs, semblent annoncer la dernière demeure d'un peuple effacé de la terre, qui n'a point laissé d'autres monumens. Cette idée imposante qui rassemble, qui confond avec le sentiment de la brièveté de la vie celui de l'antiquité des temps, a quelque chose de plus vaste et de plus austère que celle qui naît sur la pierre mortuaire d'un homme que nous avons connu vivant; mais elle n'est qu'une erreur. On n'a pas fait quelques pas, que la rencontre d'une pierre plus blanche, ornée d'une manière plus moderne, et souvent semée encore de fleurs à peine fanées qu'est venu y déposer l'amour conjugal, la piété filiale en deuil, dissipe cette illusion. Ces lettres inconnues sont empruntées à la langue d'une nation à laquelle Dieu a promis de ne point finir, et qui vit séparée des hommes, au milieu des hommes avec lesquels elle n'a pas même le droit de mêler sa poussière. C'est le cimetière des Juifs. En redescendant à l'opposé de Venise, tout-à-coup les arbres deviennent plus rares, le gazon poudreux et flétri ne se fait plus remarquer que d'espace en espace; la végétation disparoît enfin tout-à-fait, et le pied s'enfonce dans un sable léger, mobile, argenté, qui revêt tout ce côté du Lido, et qui aboutit à la grande mer. Ici le point de vue change entièrement, ou plutôt l'œil égaré sur un espace sans bornes cherche inutilement ces forêts de clochers superbes, ces dômes éblouissans, ces monumens somptueux, ces bâtimens élégamment pavoisés, ces gondoles agiles, qui, un moment auparavant, l'occupoient de tant de distractions brillantes et flatteuses. Il n'y a pas un rescif, pas un banc de sable qui le repose dans cette vague étendue. Ce n'est plus la surface plane et opaque des canaux tranquilles qui ne se rident le plus souvent que sous la rame légère du gondolier, et qui embellissent, de leur cours toujours égal, des rues où chaque maison est un palais digne des rois. Ce sont les flots orageux de la mer indépendante, de la mer qui ne reçoit point les lois de l'homme, et qui baigne indifféremmment des villes opulentes, ou des grèves stériles et désertes.

Ce genre d'idées étoit d'une

nature bien sérieuse pour l'ame timide d'Antonia, mais elle s'étoit peu à peu familiarisée avec les scènes et les images les plus sombres, parce qu'elle savoit que Lothario y prenoit plaisir, et qu'il ne goûtoit avec douceur, avec plénitude, le charme d'une conversation recueillie, que dans les solitudes les plus agrestes. Ennemi des formes du monde, qui contraignoient, qui réprimoient l'expansion de son ardente sensibilité, il n'étoit véritablement *lui* que lorsque le cercle de la société étoit franchi, et que, seul avec la nature et l'amitié, il pouvoit donner carrière à l'impétuosité de ses pensées, souvent bizarres, toujours énergiques et franches, quelquefois grandes et sauvages comme le désert qui l'inspiroit. C'est alors surtout que Lothario paroissoit quelque chose de plus qu'un homme. C'est quand, libre des convenances qui rapétissent l'homme, il sembloit prendre possession d'une création à part, et respirer du poids des institutions sociales dans un endroit où elles n'avoient pas pénétré. Appuyé contre un arbre sans culture, sur un sol que les pas du voyageur n'ont jamais foulé, il rappeloit quelque chose de la beauté d'Adam après sa faute. Plusieurs fois, Antonia l'avoit considéré dans cette situation à cette partie supérieure du *Lido* où se trouve le cimitière des Israélites. De là, pendant qu'il portoit alternativement ses regards sur Venise et sur la mer, sa physionomie, si mobile, si animée, si expressive, peignoit ce qui se passoit en lui avec autant de netteté, autant de précision, que la parole. On lisoit dans ses regards le rapprochement pénible que faisoit son esprit, de ces tombeaux intermédiaires entre un monde tumultueux et la monotonie éternelle des mers, avec le terme de la vie de l'homme, qui est aussi placé, peut-être, entre une agitation sans but et une inaction sans fin. Sa vue s'arrêtoit douloureusement aux dernières limites de l'horizon du côté du golfe, comme si elle eût cherché à les reculer encore, et à trouver au-delà quelque preuve contre le néant. Un jour Antonia, pénétrée de cette idée comme s'il la lui avoit communiquée, s'élança jusqu'à lui du tertre où elle étoit assise ; et, saisissant sa main de toute la force dont elle étoit capable : Dieu, Dieu, s'écria-t-elle, en lui indiquant du doigt la ligne indécise où la dernière vague se mêloit au premier nuage.... il est là ! Lothario, moins surpris que touché d'avoir été compris, la pressa contre son sein. Dieu manqueroit dans toute la nature, répondit-il, qu'on le trouveroit dans le cœur d'Antonia !

Madame Alberti, témoin de tous leurs entretiens, prenoit moins d'intérêt à ceux qui se tournoient vers ces grands objets de méditation, parce qu'elle croyoit sans effort avec une foi naïve, et qu'elle n'avoit jamais supposé qu'on pût mettre en doute les seules idées sur lesquelles reposent le bonheur et les espérances de l'homme. Quelques circonstances lui avoient donné lieu de croire que les opinions religieuses de Lothario n'étoient pas d'accord en tout avec celles d'Antonia; mais elle étoit loin de penser que cela s'étendît jusqu'aux principes fondamentaux de sa croyance, et ce petit défaut d'harmonie entre deux cœurs qu'elle vouloit unir l'inquiétoit bien légèrement. Quelque parfait que fût Lothario, elle sentoit qu'il pouvoit se tromper, mais elle étoit sûre qu'un homme aussi parfait que Lothario ne pouvoit pas se tromper toujours.

CHAPITRE XI.

> Je grince les dents quand je vois les injustices qui se commettent, et comment on persécute de pauvres misérables au nom de la justice et des lois.
>
> Goethe.

Un jour que leur promenade s'étoit prolongée plus que de coutume, que l'obscurité qui commençoit à s'étendre sur la mer ne laissoit plus distinguer Venise qu'aux lumières éparses de ses bâtimens; dans le silence où reposoit toute la nature, et où l'oreille saisissoit facilement les moindres bruits, celle d'Antonia fut tout-à-coup frappée d'un cri extraordinaire qui n'étoit cependant pas nouveau pour elle et qui la fit tressaillir. Elle se souvenoit de l'avoir entendu au *Tarnedo*, le jour où elle y avoit rencontré un vieux poète morlaque, et depuis, aux environs du château de Duino, quand le moine arménien s'étoit élancé au milieu des brigands et les avoit dispersés devant lui. Elle se rapprocha de sa sœur par un mouvement involontaire, et chercha de l'œil Lothario qui étoit debout à la proue de la gondole. Peu après, ce bruit se renouvela, mais il partoit d'un point beaucoup plus voisin, et au même instant la gondole éprouva une secousse violente, comme si elle avoit été touchée par une autre. Lothario n'étoit plus à la proue. Antonia poussa un cri et se leva précipitamment en l'appelant. La gondole étoit immobile. Un grand bruit qui se faisoit à côté fixa son attention, et changea son épouvante en curiosité. Elle distinguoit très-bien dans cette rumeur confuse la voix de Lothario qui parloit avec autorité au milieu d'une poignée d'hommes assemblés sur un bateau découvert. Il ne lui fallut qu'un moment pour comprendre que ces hommes étoient des sbires déguisés qui conduisoient un prisonnier à Venise, et qui se plaignoient qu'on leur eût fait perdre cette proie. Indigné, en effet, de la violence qu'on faisoit à ce misérable, et ne voyant, dans les traitemens rigoureux qu'il éprouvoit, qu'un abus odieux de la force, Lothario s'étoit élancé sur le bâtiment et avoit délivré l'inconnu en le précipitant dans la mer d'où il pouvoit gagner un bord voisin à la nage. Les sbires éclatèrent d'abord en reproches et en menaces, car ce prisonnier étoit fort important; on avoit même des raisons de penser que c'étoit un émissaire de Jean Sbogar, et ils attendoient un grand prix de leur capture; mais ils rentrèrent dans un respectueux silence, en reconnoissant Lothario, dont l'influence mystérieuse servoit de frein, dans ces temps de crise, à tous les excès du pouvoir. Après leur avoir adressé quelques mots de mépris, il laissa tomber au milieu d'eux une poignée de sequins, et remonta paisiblement sur la gondole où son retour acheva de calmer les inquiétudes d'Antonia. A l'instant où ils entroient dans le canal, le cri singulier qui avoit averti quelque temps auparavant l'attention de Lothario, se fit entendre de nouveau à la pointe de la Judecque. Antonia présuma que l'homme que Lothario venoit de tirer des mains des sbires étoit abordé en cet endroit, et qu'il en donnoit connoissance à son libérateur, pour lui apprendre qu'il n'avoit pas reçu de lui un bienfait inutile. Lothario parut éprouver un vif transport de joie, et ce sentiment se communiqua au cœur d'Antonia, qui, à travers la crainte vague qui l'occupoit encore, jouissoit vivement de la perfection de l'ame de Lothario qu'elle avoit vu toujours prêt à se révolter contre l'injustice et à se dévouer pour le malheur. Elle concevoit que cette impétuosité invincible de sentimens l'exposoit à tomber quelquefois dans des excès dangereux, mais elle ne supposoit pas qu'on pût blâmer jamais des fautes aussi nobles dans leur motif.

Madame Alberti recevoit rarement du monde, parce qu'elle avoit remarqué que ce genre de distractions qui consiste le plus souvent dans un échange de bienséances réciproquement importunes, convenoit peu à Antonia dont les goûts la dirigeoient en toutes choses. Cependant, ce jour-là même, contre l'ordinaire, elle attendoit une société assez nombreuse qui arriva presque en même temps qu'elle. Déjà le singulier incident qui venoit de se passer s'étoit répandu dans les groupes de la place Saint-Marc, et le bruit populaire, toujours favorable à Lothario, avoit présenté sa conduite sous le jour le plus brillant. Le peuple vénitien, qui est en apparence le plus souple de tous et le plus facile à asservir, qui est le plus humble, le plus caressant envers ses maitres, est intérieurement le plus jaloux peut-être de sa liberté ; et, dans ces momens de tourmente publique où le pouvoir indécis passoit de main en main à la merci du hasard, il se rattachoit avec enthousiasme à tout ce qui paroissoit garantir son indépendance ou la défendre dans l'absence des institutions. La moindre atteinte à la sûreté des individus inquiétoit, révoltoit son irritabilité ombrageuse, et il étoit bien moins porté à voir, dans les actes les plus légitimes de l'autorité, ce qu'elle faisoit pour maintenir sa sécurité, que ce qu'elle pouvoit faire un jour pour la détruire. Le nom de Jean Sbogar étoit parvenu à Venise comme celui d'un homme dangereux et redoutable; mais il n'y avoit jamais donné d'alarmes, parce que sa troupe, trop peu nombreuse pour tenter un coup de main sur une grande ville, ne portoit guère les ravages, que la renommée lui reprochoit, que dans quelques villages de la

Terre-Ferme auxquels les habitans des lagunes étoient aussi étrangers que s'ils en avoient été séparés par des mers immenses. Un émissaire de Jean Sbogar n'étoit donc pas un ennemi pour Venise, et l'on ne voyoit généralement dans l'action de Lothario qu'un de ces mouvemens de générosité énergique qui paroissoient si naturels à son caractère, et qui lui avoient déjà gagné l'affection des classes inférieures et l'estime de tout le monde. La conversation se tourna naturellement sur cet objet dans le cercle de madame Alberti, malgré l'embarras visible de Lothario, dont la modestie ne supportoit pas les moindres éloges sans impatience, et rien n'annonçoit que cette thèse inépuisable dans le style de la politesse vénitienne dût se terminer enfin, à la grande satisfaction de l'homme qui en étoit l'objet, lorsqu'Antonia, tourmentée du malaise que manifestoit sa physionomie, s'empressa de saisir un aspect moins favorable de cet événement pour soulager Lothario du poids d'une admiration importune. Si cependant, dit-elle en souriant, le seigneur Lothario s'étoit trompé sur l'objet de son généreux dévouement ; si la mauvaise opinion qu'il a des sbires s'étoit trouvée cette fois en défaut ; s'il avoit joint au malheur d'entraver l'action des lois, et de leur opposer une résistance qui est toujours répréhensible, celui de dérober au châtiment qui lui est dû un de ces coupables qu'aucune classe de la société ne réclame, de faire rentrer dans le monde effrayé quelques-uns de ces monstres qui ne marquent leurs jours que par des scélératesses ; s'il avoit délivré un des compagnons de Jean Sbogar... et je frémis dy penser ! Jean Sbogar lui-même !.... Jean Sbogar, interrompit Lothario avec l'accent de l'inquiétude et de la surprise !.... Mais qui pourroit penser, continua-t-il, que Jean Sbogar, ou même un des siens, eût osé se jeter au milieu de Venise, sans but, sans intérêt connu, car ce n'est point dans une grande ville que ces bandits peuvent exercer ouvertement le brigandage et l'assassinat ? Cet artifice des sbires est trop grossier !....... Il est absurde, s'écria madame Alberti ! On conçoit qu'un proscrit d'un ordre élevé, que le chef d'un parti généreux s'introduise dans une ville où son jugement a été porté, où il est dévoué à la mort et attendu par l'échafaud. Quand cette tentative seroit inutile à sa cause, combien de sentimens peuvent l'y déterminer ! Mais quel sentiment, quelle passion détermineroit un misérable chef de voleurs dont le cœur n'a jamais palpité qu'à l'espoir du butin, à exécuter une entreprise aussi téméraire ? Ce n'est pas l'amour, sans doute ! Heureux ou malheureux dans ses desseins, toujours sûr d'inspirer le même mépris, de quelle femme obtiendroit-il les regards, sinon de celles pour qui l'on seroit honteux de rien entreprendre ? Est-il quelqu'un qui comprenne l'amante de Jean Sbogar ?—En effet, dit Lothario, ce seroit singulier.—Au reste, continua madame Alberti, qui sait même si cet homme existe ; si son nom n'est pas le mot d'ordre d'une bande aussi méprisable que les autres, mais assez adroite pour chercher à relever sa bassesse par l'éclat de quelque renommée?—Sur ce point, madame, dit un homme d'un âge avancé qui avoit écouté attentivement madame Alberti pendant qu'elle parloit et qui faisoit remarquer depuis quelque temps l'intention de lui répondre, vos doutes sont mal fondés. Jean Sbogar existe très-réellement, et ne m'est pas tout-à-fait inconnu.—Le cercle se resserra, à l'exception de Lothario, qui continuoit de prêter à la conversation une attention assez froide, selon son usage, celle tout au plus qu'exige la politesse dans un entretien dont l'objet est également indifférent à tout le monde. — Je suis Dalmate, continua l'étranger, et né à Spalato.— A Spalato, dit Lothario en se rapprochant. Je connois beaucoup ce pays. — C'est dans les environs de cette ville qu'est né Jean Sbogar, reprit le vieillard, au moins si j'en crois les témoignages qui me sont parvenus, car ce nom même n'est pas son nom. Il le prit en quittant sa famille, qui est une des plus nobles et des plus illustres de notre province, et qui remonte en ligne directe à un prince d'Albanie. Je ne vous dirai pas ce qui le détermina à cette démarche, mais il passa presque enfant au service des Turcs, et de là dans la révolte des Serviens, où il s'acquit promptement une grande réputation militaire. Les événemens n'ayant pas été favorables à son parti, il fut obligé de fuir pour se dérober à la proscription. Il rentra, dit-on, en Dalmatie et s'y trouva déshérité. Accoutumé à une vie orageuse et tourmenté, à ce qu'il paroît, de passions sombres et violentes, il saisit la première occasion venue de se rattacher à un état de révolutions permanent. S'il s'étoit trouvé dans une de ces positions heureuses où l'activité et le génie mènent à tout, il se seroit acquis peut-être une réputation honorable. Au défaut des périls qui donnent la gloire, il a embrassé ceux qui ne donnent que le mépris et l'échafaud. C'est un être bien à plaindre ! — Vous l'avez vu, vous avez vu Jean Sbogar, dit Antonia ? — Je l'ai souvent pressé dans mes bras quand il étoit enfant, répondit le vieillard. C'étoit alors une ame douce et tendre, et une figure si noble et si belle ! — Il étoit beau, s'écria madame Alberti ! — Pourquoi pas, murmura Lothario ? Une belle physionomie est l'expression d'une belle ame; et que de belles ames ont été altérées, aigries, quelquefois dégradées par l'infortune ! Que d'enfans étoient l'orgueil de leurs mères, qui sont devenus le rebut ou la terreur du monde! Satan, la veille de sa chute, étoit le plus beau des anges! Mais, continua-t-il en élevant la voix, l'avez-vous connu plus âgé?—Jusqu'à dix ou douze ans, dit le vieux Dalmate, et depuis quelque temps il étoit devenu rêveur et solitaire. J'ai toujours pensé depuis que je le reconnoîtrois si je le rencontrois jamais. —Dieu vous préserve, reprit Lothario, de le reconnoître sur le banc des assassins! Ce moment seroit également affreux pour vous et pour lui..., pour lui à qui il rappelleroit les souvenirs d'une jeunesse dont il a démenti les promesses, et qui fait peut-être maintenant son plus grand supplice!—En vérité, Lothario, dit Antonia, vous êtes trop disposé à pressentir de semblables impressions dans les autres. Vous ne pensez pas que, dans Jean Sbogar, elles se sont nécessairement aliénées par le seul effet de ses habitudes, et que son ame basse et flétrie ne les comprendroit plus, quand il seroit vrai, comme on le dit, qu'elle eût jamais pu les comprendre!— Lothario sourit du côté d'Antonia; puis se retournant vers les autres personnes qui composoient la société, et s'adressant plus particulièrement au vieillard qui venoit de parler : Que le méchant est malheureux sur la terre, dit-il en secouant la tête, puisqu'il est détesté par de telles ames, sans qu'il lui reste devant elles un prétexte pour se justifier ou pour attendrir la rigueur de leur jugement! Le coupable n'est à leurs yeux qu'un monstre placé tout-à-fait hors de la nature par la bizarrerie féroce de sa destinée, et qui ne tient à rien d'humain ! Il n'a été jeté au rang des vivans que pour les effrayer et pour mourir. Cet infortuné n'a pas eu de parens. Il n'a point compté d'amis. Son cœur n'a jamais battu d'un sentiment profond de tendresse à la vue d'un malheureux comme lui. Son œil sans larme s'est fermé au sommeil à côté de la misère qui veille et qui pleure. Grand dieu ! qu'une pareille supposition troubleroit pour moi l'ordre déjà si triste de la société humaine ! Ah ! j'aime mieux croire à l'erreur d'un jugement faux, à l'aigreur d'un cœur blessé, à la réaction d'une vanité noble, mais impitoyable, qui s'est révoltée contre tout ce qui la froissoit, et qui s'est ouvert une voie de sang parmi les hommes pour se faire connoître à son passage et pour en laisser une marque. — J'ai pensé cela, dit Antonia émue en se rapprochant de Lothario et en appuyant sa main sur son épaule. — La pensée d'Antonia, continua-t-il, est toujours une révélation du ciel. Quant à moi, j'ai bien compris, j'ai senti souvent de quelle amertume les misères de la société pouvoient navrer une ame énergique, je conçois les ravages que la passion du bien même produiroit quelquefois dans un cœur ardent et inconsidéré. Il est des hommes turbulens par calcul, orageux par intérêt, dont l'exaltation hypocrite ne surprendra jamais ni mon estime ni ma pitié; mais, tant que je trouve la loyauté sous une action téméraire, extravagante ou féroce, je suis tout prêt à me faire le second de l'homme qui l'a commise, la justice l'eût-elle déjà condamné. — Antonia retira sa main avec une sorte d'effroi. Lothario la saisit.—L'homme a appartenu à deux états bien différens, l'état naturel et l'état social, mais il a emporté dans le second quelques souvenirs du premier; et, chaque fois qu'une grande commotion politique fait pencher vers son état naturel la balance de la société, il s'y précipite avec une incroyable ardeur, parce que telle est la tendance de son organisation, qui le ramène toujours d'une autorité irrésistible à la jouissance la plus complète de liberté qu'il puisse se procurer. Ce sentiment peut être affreux par ses résultats, il est presque toujours absurde dans ses combinaisons, mais il tient à la nature de l'homme, et il est en lui-même noble et touchant. C'est bien autre chose encore dans une société usée comme celles parmi lesquelles nous vivons, et où tout le pouvoir, partagé pour quelques momens entre des institutions également précaires qui n'ont plus que le droit du temps ou qui n'ont encore que celui de l'audace, menace de tomber à tout moment des mains de la témérité dans celles de la bassesse, et de devenir le partage des derniers des hommes. Eh quoi ! lorsqu'un peuple est arrivé à ce point ; lorsque, arraché à ses anciennes mœurs et à ses anciennes lois par une force invincible, et incertain de son existence, il endort sa lâche agonie dans les bras des assassins qui le caressent pour hériter de ses dernières dépouilles ; lorsque la société, si près de sa ruine, ne repose presque plus parmi les méchans que sur des intérêts, parmi les honnêtes gens que sur quelques règles de morale qui vont cesser d'exister, il sera interdit à l'homme fort qui trouve en lui, et dans l'impulsion qu'il est capable de donner aux autres, la garantie, la seule garantie des droits de l'espèce entière ; il lui sera défendu de rassembler toutes ses facultés contre l'ascendant de la destruction, contre l'empire de la mort ? Je sais bien que cet homme n'arborera point l'étendard des sociétés ordinaires. Les sociétés ordinaires le repousseroient, car il leur parleroit un langage qu'elles n'entendent point et qu'il leur est défendu d'entendre. Pour les servir, il doit se séparer d'elles, et la guerre qu'il leur déclare est la première caution de l'indépendance qu'elles trouveront un jour sous ses auspices, quand la main qui maintient les États se sera retirée tout-à-fait. Alors ces misérables brigands, l'objet du dégoût et de l'horreur des nations, en deviendront les arbitres, et leurs échafauds se changeront en autels. Ce n'est point ici un paradoxe, continua Lothario, c'est une induction tirée de l'histoire des peuples, et qui s'appuie de l'exemple de tous les siècles. Qui ne verroit un effet très-naturel de l'ordre des choses dans cet esprit de renouvellement qui se manifeste à la fin d'une civilisation, et qui la tue pour la rajeûnir; car enfin les nations ne rajeunissent qu'ainsi, au moins s'il faut en croire l'expérience. Et vous croyez à la Providence, et vous osez blâmer ses moyens ! Quand un volcan épure la terre en couvrant vos campagnes de laves fumantes, vous dites que Dieu l'a voulu ; et vous ne croyez pas que Dieu a revêtu d'une mission particulière ces hommes de sang et de terreur qui usent, qui brisent les ressorts de l'état social pour le recommencer ! Cherchez dans votre mémoire quels sont les fondateurs des sociétés nouvelles, et vous verrez que ces hommes sont des brigands comme ceux que vous condamnez ! Qu'étoient, je vous le demande, ces Thésée, ces Pirithoüs, ces Romulus qui ont marqué le passage des âges barbares à l'âge héroïque auquel ils ont présidé, Hercule lui-même dont le nom est resté en vénération parmi les foibles, parce que les forts n'eurent jamais d'ennemi plus redoutable, et dont la colère ne s'adressoit qu'aux dieux et aux rois ? Les prêtres consacrèrent le souvenir de ses travaux, et lui décernèrent l'apothéose, quoiqu'il fût bâtard, voleur, meurtrier et suicide. J'ai vu dans mon voyage à Athènes la montagne sur laquelle Mars a été mis en jugement pour assassinat.

Pendant que Lothario parloit, Antonia s'étoit assise, et le regardoit avec un sentiment indéfinissable. Madame Alberti prenoit une part moins vive à ses discours, mais elle en jouissoit comme d'une idée singulière et nouvelle ; et tel étoit sur elle l'empire de ces idées, qu'il lui faisoit souvent oublier combien elles étoient en opposition avec les sentimens qu'elle avoit reçus de son éducation, ou que sa propre raison lui avoit inspirés. Le caractère de Lothario, connu d'ailleurs par une indépendance un peu farouche, et par un penchant prononcé pour les opinions qui ne portoient pas le sceau du pouvoir et l'approbation plus honteuse encore de la multitude, prêtoit à ses expressions un intérêt piquant et singulier ; sa position, dans le monde, étoit telle, qu'on ne pouvoit voir dans ses idées les plus bizarres et les plus hasardées, qu'un caprice de son imagination. Cette impression étoit si générale quand il avoit parlé, qu'il étoit rare qu'on essayât de le contredire. On lui savoit gré de l'effusion de son cœur, de l'abandon de ses sentimens. On ne lui en demandoit pas compte. Cette conversation étoit finie depuis long-temps, et Lothario, absorbé, ne prenoit plus de part à l'entretien indifférent, à l'échange froid des phrases insignifiantes qui y avoit succédé. La tête appuyée sur sa main, il attachoit un œil sombre sur Antonia, qui avoit changé de place sans s'en apercevoir pour se rapprocher de lui, et qui paroissoit frappée d'une pensée douloureuse. — Lothario, lui dit-elle à demi-voix en lui tendant la main, votre amour pour les foibles et les malheureux vous entraîne quelquefois à dire des choses que vous n'approuveriez plus après avoir réfléchi. Défiez-vous d'un enthousiasme que de certaines circonstances pourroient rendre funestes à votre bonheur, au bonheur de ceux qui vous aiment. — De ceux qui m'aiment, s'écria Lothario !..... Ah ! si j'avois été aimé ! si j'avois pu l'être ; si le monde m'avoit été connu ; si le regard d'une femme, digne de mon cœur, étoit tombé sur mon cœur avant que le malheur l'eût flétri.... Quelle étrange supposition !... Antonia s'étoit encore rapprochée pour isoler Lothario, ou pour mieux l'entendre. Sa main étoit croisée dans la sienne. — Oui, reprit Lothario, si une femme qui m'auroit été destinée avoit permis à ma misérable vie un sentiment qui ressemblât à de l'amour ; si un être qui eût approché d'Antonia, qui en eût approché de loin comme l'ombre de la réalité, m'avoit pris alors sous la protection de sa pitié....; si j'avois pu respirer sans profanation l'air agité par les plis de sa robe, ou les ondes de ses cheveux....; si mes lèvres avoient osé te dire : Antonia, je t'aime!...

La société s'écouloit. Antonia, tremblante, avoit cessé de comprendre sa position. Elle restoit immobile, et madame Alberti étoit rentrée ; mais Lothario n'avoit rien changé à son langage. Il répétoit sa dernière phrase avec une expression plus sombre, et entraînoit madame Alberti vers sa sœur avec un cri douloureux : Que faites-vous, dit-il, que faites-vous de Lothario ? Connoissez-vous Lothario, ou plutôt cet inconnu, cet homme du hasard qui n'a point de nom ? Et vous, la sœur de cette enfant, savez-vous que je l'aime, et que mon amour donne la mort ? Antonia sourioit amèrement. Cette liaison d'idées ne se faisoit pas sentir à son esprit ; mais elle y voyoit un présage pénible. Madame Alberti ne s'étonnoit point. Ces expressions n'étoient pour elle que celles d'un amour exalté, comme Lothario devoit le sentir, et comme elle s'en étoit souvent fait l'image. Elle pressa la main de Lothario, en le regardant d'une manière affectueuse, pour lui témoigner qu'il dépendoit de lui d'être heureux, et qu'il ne trouveroit point d'obstacle à ses vœux dans la seule personne qui pût encore exercer quelque empire sur les résolutions de sa sœur. Les sentimens d'Antonia, encouragés par cet aveu, se manifestoient avec plus d'abandon. Elle les peignit d'un regard, le premier regard de ses yeux que l'amour eût animé. Malheur à moi ! dit Lothario d'une voix étouffée, et il disparut. Le bruit d'une rame qui frappoit le canal, troubla le morne silence qui avoit suivi son départ. Antonia s'élança vers la fenêtre. La lune éclairoit d'un de ses rayons le panache flottant de Lothario, qui étoit ce jour-là vêtu à la vénitienne. L'aspect du ciel, le mouvement de l'air, l'heure, l'instant, quelque autre circonstance peut-être, rappelèrent à Antonia l'apparition de ce brigand inconnu qu'elle avoit vu partir du môle Saint-Charles. Son cœur ne céda qu'un moment à ce souvenir d'effroi. Quel que fut le motif secret du trouble de Lothario, il lui avoit dit qu'il l'aimoit, et sa tendresse devoit la protéger contre tous les périls.

CHAPITRE XII.

Ah ! contrée délicieuse ! s'il se trouvoit quelque séjour propre à calmer un peu les peines d'un cœur désolé, à panser les blessures profondes faites par les traits du chagrin, et à rappeler les premières illusions de la vie, ce seroit toi sans doute qui l'offrirois ! Ton aspect enchanteur, tes bois solitaires, ton air pur et balsamique ont le pouvoir de calmer toute sorte de tristesse.... hors le désespoir.

CHARLOTTE SMITH.

MADAME Alberti passa la nuit et une partie du jour suivant à chercher des interprétations aux discours mystérieux de Lothario. Elle n'en trouva point qui changeassent la moindre chose à ses dispositions. Une naissance peut-être obscure, une fortune peut-être dérangée par des prodigalités excessives, de grands malheurs politiques ou privés qui le tenoient pour jamais éloigné de sa patrie, telles furent les diverses suppositions sur lesquelles son imagination s'arrêta, et aucune d'elles ne lui faisoit naître l'idée d'un obstacle fondé au bonheur d'Antonia. La résistance même de Lothario s'expliquoit alors par des sentimens si délicats et si honorables qu'elle n'hésita pas sur les moyens d'en triompher. Après quelques momens d'entretien avec Antonia, elle l'autorisa à disposer de sa main en faveur de Lothario, et à lui en donner la nouvelle elle-même, persuadée que ses généreux scrupules ne résisteroient pas à l'amour. Antonia, plus craintive et menacée par des pressentimens sombres dont elle avoit contracté l'habitude depuis l'enfance, de ne jamais goûter la félicité dont on lui présentoit les images, attendoit avec une impatience plus inquiète que ce jour fût écoulé. Il lui sembloit que Lothario ne reviendroit point, qu'elle l'avoit vu pour la dernière fois. Il revint cependant. Sa physionomie triste et fatiguée annonçoit des méditations pénibles. Son teint étoit plombé. Son œil avoit perdu la douceur ordinaire de son expression; il peignoit le vague inquiet et orageux d'une imagination malade. Il s'assit près d'Antonia et la regarda fixement; madame Alberti étoit occupée à quelque distance et se déroboit à dessein à leur conversation. Cette situation avoit quelque chose de difficile pour l'organisation timide et foible d'Antonia. Elle essayoit de sourire, et une larme rouloit dans ses yeux. Son cœur battoit avec une grande violence. Quelquefois elle se détournoit de Lothario, et puis elle s'étonnoit, en revenant à lui, de le retrouver dans cette contemplation immobile et sinistre où elle l'avoit laissé. Elle vouloit articuler quelques paroles, mais elle balbutioit à peine des sons confus, et Lothario ne s'informoit point de ce qu'elle avoit voulu dire. L'attention avec laquelle il la couvroit de son regard, avoit quelque chose d'un prestige et d'une vision nocturne. Enfin elle parvint à rompre une partie de ce charme, en lui disant : Vous êtes donc malheureux, Lothario?... Cette question se lioit, par un rapport imperceptible, à leur dernier entretien, mais elle étoit plutôt l'expression d'un sentiment douloureux qui résultoit de ce qu'elle éprouvoit alors, qu'une transition préparée à ce qu'elle avoit promis de dire. Lothario ne répondit point. Cependant, continua-t-elle, vous seriez trop cruel envers ceux qui vous aiment. — Ceux qui m'aiment, dit Lothario en couvrant sa tête de ses mains ! Toujours ceux qui m'aiment ! Mon mauvais ange vous a enseigné là une phrase magique qui me navre l'ame ! — J'y revenois à dessein, répondit Antonia, car je ne sais point de malheur absolu pour l'homme qui est aimé ; et si tel est votre destin, Lothario, que beaucoup d'affections aient trompé votre tendresse, que beaucoup de félicités aient échappé à vos espérances, ce ne fut jamais à ce point, mon ami, que vous n'ayez plus trouvé auprès de vous cette compensation si précieuse qui dédommage un cœur sensible de toutes les douleurs; vous le savez, Lothario, vous êtes aimé. — Lothario se remit à regarder Antonia, mais le caractère de sa physionomie étoit tout-à-fait changé. On n'y remarquoit qu'un mélange de joie stupide, de défiance et de terreur qui n'appartenoit pas à ses traits. Lothario, poursuivit-elle, je ne connois, ni votre famille, ni votre rang, ni votre fortune, et il m'importe peu de connoître tout cela, mais on m'a dit que la main de cette Antonia dont vous désirez d'occuper le cœur n'étoit à dédaigner pour personne, sous aucun de ces rapports; et Antonia, libre de son choix, ne l'arrêteroit que sur vous.—Sur moi ! s'écria Lothario avec une sorte de fureur. —Madame Alberti s'approcha.

—Sur moi! et c'est vous, c'est Antonia qui m'accable d'une dérision si amère! — Lothario, reprit Antonia d'un ton de dignité froide, vous méprisez Antonia, ou vous ne l'avez pas comprise. — Mépriser Antonia! Que signifie ce langage? De quoi m'a-t-on parlé? D'un mariage, si je ne me trompe, et c'est vous.... — Antonia s'appuya sur sa sœur. Elle pleuroit. Ma fille, dit madame Alberti, respecte ses secrets. Il ne te repousseroit point, si un obstacle invincible, un autre lien peut-être... — Lothario l'interrompit. Ah! gardez-vous de le croire! Né pour aimer Antonia, et pour n'aimer qu'elle, je n'ai engagé ma liberté dans aucune autre affection. — Et si sa main pouvoit être le prix de l'amour— ou du courage—c'est à moi, je le jure, qu'elle appartiendroit ; mais de quel droit, et à quelles conditions ! A quelles conditions, grand Dieu! et quel homme oseroit les proposer! Vengeances du ciel, que vous êtes redoutables! Écoutez-moi, n'avez vous pas entendu dire—

ne vous a-t-on pas parlé — il y a peu de temps encore d'un homme qui s'appelle — Lothario — ce doit être son nom ? et l'épouse de Lothario, dans quel palais, le savez-vous, dans quels domaines il la présenteroit à ses vassaux ! — Antonia s'assit. Un frisson mortel glaçoit ses membres. Des lueurs horribles apparoissoient à son esprit qui se révoltoit contre elles. Elle cherchoit à pénétrer cet impénétrable mystère; et tout ce qu'elle pouvoit distinguer, c'est qu'il étoit profond et affreux.

Lothario s'éloignoit, se rapprochoit d'elle tour à tour. Quelquefois ses traits portoient l'empreinte du délire, quelquefois ils paroissoient se détendre et se décomposer sous une force irrésistible. Depuis quelque temps il étoit pensif et abattu. Tout-à-coup son front s'éclaircit, ses yeux s'animèrent, une idée subite qui le réconcilioit avec l'espérance éclata sur sa physionomie. Il tomba aux genoux d'Antonia ; et, pressant avec transport ses mains et celles de madame Alberti en les baignant de larmes: Si cependant, dit-il, j'avois été le monde pour elle et pour vous!— Le monde, répondit Antonia. — Elle et vous, continua madame Alberti. Toute ma vie étoit dans cette pensée. — Il seroit vrai, s'écria Lothario, comme accablé sous le poids d'un bonheur qu'il n'avoit jamais prévu; il seroit vrai, et je pourrois commencer avec vous une existence nouvelle— emporter mon nom et ma destinée du milieu des hommes— je le pourrois! Mais faut-il....

comment oserois-je soumettre ce que j'aime ? — Ainsi le veut ma fatale étoile ! C'est loin d'ici, loin des villes, dans un pays où vous jouiriez inutilement de l'éclat d'un grand nom et d'une grande fortune — mais où désormais je consacrerois ma vie entière... Ah ! laissez-moi me reposer un moment sous les sentimens qui m'oppressent ! — Lothario garda le silence pendant quelques minutes, puis il se leva; et, reprenant son discours avec plus de calme, il s'exprima ainsi :

« Bien jeune encore, je sentois déjà avec aigreur les maux de la société, qui ont toujours révolté mon ame, qui l'ont quelquefois entraînée dans des excès qu'Antonia me reprochoit hier, et que je n'ai que trop péniblement expiés. Par instinct plutôt que par raison, je fuyois les villes et les hommes qui les habitent; car je les haïssois, sans savoir combien un jour je devois les haïr. Les montagnes de la Carniole, les forêts de la Croatie, les grèves sauvages et presque inhabitées des pauvres Dalmates, fixèrent tour à tour ma course inquiète. Je restai peu dans les lieux où l'empire de la société s'étoit étendu; et, reculant toujours devant ses progrès qui indignoient l'indépendance de mon cœur, je n'aspirois plus qu'à m'y soustraire entièrement. Il est un point de ces contrées qui marque la borne de la civilisation des modernes, et d'une civilisation ancienne qui a laissé de profondes traces, la corruption et l'esclavage. Le Monténègre est comme placé aux confins de deux mondes, et je ne sais quelle tradition vague m'avait donné lieu de croire qu'il ne participoit ni de l'un ni de l'autre. C'est une Oasis européenne, isolée par des rochers inaccessibles, et par des mœurs particulières que le contact des autres peuples n'a point corrompues. Je savois la langue des Monténégrins. Je m'étois entretenu avec quelques-uns d'entre eux, quand des besoins qui ne s'accroissent jamais, et qui ne changent jamais de nature, en avoient amené par hasard dans nos villes. Je me faisois une douce idée de la vie de ces sauvages qui se suffisent depuis tant de siècles, et qui, depuis tant de siècles, ont su conserver leur indépendance en se défendant soigneusement de l'approche des hommes civilisés. En effet, leur situation est telle, que nul intérêt, nulle ambition ne peut appeler dans leurs déserts cette troupe de brigands avides qui envahissent la terre pour l'exploiter. Le curieux seul et le savant ont quelquefois tenté l'accès de ces solitudes, et ils y ont trouvé la mort qu'ils alloient y porter;

car la présence de l'homme social est mortelle à un peuple libre qui jouit de la pureté de ses sentimens naturels. Il étoit donc difficile d'y pénétrer; j'y parvins cependant, à la faveur de vêtemens semblables aux leurs et de l'habitude de leur langage. Ce n'étoient point d'ailleurs des hommes que j'allois chercher, c'étoit une terre indépendante où n'avoit jamais retenti la voix d'un pouvoir humain fondé sur d'autres droits que la paternité. J'avois mesuré mes besoins, ceux d'un adolescent à tête ardente, qui croit se suffire toujours, parce que, dans quelques momens d'ivresse amère, il a cru sentir que toutes les affections sont insuffisantes pour son cœur, et que Dieu l'a fait seul de son espèce. Il ne falloit à mon ambition qu'une cabane contre les froids rigoureux de l'hiver, un arbre fruitier et une fontaine. J'errai long-temps sur la seule trace des bêtes sauvages, à travers les groupes variés des montagnes clémentines, fuyant de loin la fumée des maisons de l'homme dans lequel un sentiment que les Monténégrins éprouvent bien réciproquement, me faisoit voir partout un ennemi.

Je ne vous peindrai pas les fortes impressions que je recevois de cette grande et imposante nature qui n'a jamais été soumise, et dont les bienfaits suffisent à une population heureusement assez rare pour être dispensée de les solliciter. Je ne vous dirois pas avec quelle joie je ravissois à la terre une racine nourrissante, sans crainte de faire tort à la cupidité d'un fermier avare, ou de tromper l'espérance d'une famille de laboureurs affamés, et d'entendre résonner ce mot fatal qui me rappelle toujours, comme à un de vos écrivains, l'usurpation de la terre : Ceci est mon champ ! Un jour enfin, comment exprimerai-je le mélange inexplicable des sentimens qui se succédèrent en moi ! le soleil se couchoit dans la plus belle saison de l'année, il se couchoit à l'extrémité d'une vallée immense qu'ombrageoient de toutes parts des bocages de figuiers, de grenadiers et de lauriers roses, et que couvroient de distance en distance de petites maisons isolées, mais entourées des plus belles, des plus riantes cultures. C'étoit un tableau qui appartenoit, il est vrai, à l'état de société, mais à la société du premier âge. En aucun temps, en aucun lieu, l'habitation du cultivateur n'avoit flatté mes regards d'un aspect plus agréable. Jamais mon imagination n'avoit rêvé tant de prospérité pour la demeure du villageois. Je conçus alors les rapports pleins de charmes de l'homme aimé de l'homme, et utile à son bonheur sans lui être nécessaire, dans une tribu agricole ; je regrettai de n'avoir pas vécu au moment où la civilisation n'en étoit qu'à ce point, ou de ne pas être admis à en jouir chez le peuple qui en goûtoit la douceur. Bientôt, je frémis en pensant, en me rappelant que les lois d'une telle société devoient être terribles, et que l'étranger qui en souilloit le territoire ne pouvoit attendre que la mort. Mon sang bouillonnoit d'indignation contre moi-même à l'instant où, dans les veines d'un autre, il se seroit glacé de terreur. Ah ! malheur au profane, m'écriai-je, qui apporteroit ici les vices et les fausses sciences de l'Europe, si j'y avois une mère, une sœur ou une maîtresse ! Il paieroit cher l'injure qu'il a faite à l'air que je respire en l'empoisonnant de son souffle. Un Monténégrin m'avoit entendu, car je m'étois exprimé dans sa langue. Telles sont aussi nos lois, me dit-il en me prenant la main, et ceux même qui comme toi descendent vers nos vallons des hauteurs du Monténègre, dont les barrières extérieures sont presque insurmontables aux étrangers, ne sont pas toujours admis à vivre parmi les bergers mérédites. La différence de nos mœurs nous sépare d'ailleurs assez, puisque vous êtes chasseurs et guerriers, et que vous consentiriez difficilement à partager les douces habitudes et la vie tranquille de nos pasteurs ; seulement, pour ne point gêner la liberté naturelle des hommes, en abusant du pouvoir que nous exerçons sur nos enfans, nous permettons quelquefois l'échange de ceux que leur inclination appelle à défendre nos montagnes, contre ceux d'entre vous à qui des goûts plus simples font ambitionner les paisibles travaux de nos champs; et ce commerce libre d'hommes et de sentimens entretient nos rapports avec nos voisins, malgré la différence de nos mœurs. Ainsi, depuis des siècles, les Monténégrins guerriers enveloppent nos montagnes d'une ceinture d'hommes formidables, et protégent ces champs, qui les nourrissent à leur tour, quand la nature refuse de pourvoir à leurs besoins, ce qui arrive rarement. Vous êtes probablement un des enfans de nos frères, et tout ce grand espace, poursuivit-il, en m'indiquant un recoin isolé de la vallée, délicieux par son aspect, et déjà couvert des espérances d'une riche moisson, tout cela vous appartient, qui que vous soyez. Si vous choisissez une épouse parmi nos filles; si elle vous donne des enfans, et que votre domaine ne vous suffise plus, nous l'agrandirons en raison de vos besoins, sauf à rendre proportionnellement à la nature ce dont vous pouvez vous priver quand votre famille se sera étendue dans nos montagnes; car chez les autres peuples on juge de la prospérité des familles et des villages à l'étendue des cultures, et chez nous on la mesure sur l'étendue des terres qui restent en friche, et dont des besoins précoces, indices d'une population trop nombreuse, n'ont pas rendu l'exploitation nécessaire. A compter de ce moment, vous êtes pasteur mérédite; vous êtes libre, et il n'existe entre vous et nous d'autre lien obligé que celui des secours mutuels et de l'hospitalité. Si vous n'avez pas de besoins actuels, allez prendre possession de votre domaine. autrement, recourez à nous; et rien ne vous manquera de ce que la nature accorde aux désirs d'un homme simple. En achevant ces paroles, il se disposoit à me quitter; mais une idée insupportable corrompoit mon bonheur et me rendoit incapable d'en jouir. Il y alloit de ma vie de me faire connoître, mais quelque chose de plus impérieux que l'intérêt de ma vie me défendoit de recevoir de la bonté hospitalière de ces hommes simples un bienfait qui ne m'étoit pas destiné. Mon frère, lui dis-je, vous êtes abusé par les apparences. Je suis né hors des montagnes clémentines ; j'y ai cherché la liberté. Tout me prouve que j'y aurois trouvé les seuls biens que je désire sur la terre, la libre jouissance de l'air, du ciel et de mon cœur; mais ce paradis que vous m'offrez appartient à un homme plus heureux que moi. Je ne suis dans ces bocages qu'un étranger que vous avez le droit de punir. Le Morlaque me regardoit. Jeune homme, me dit-il après un moment de silence, on ne sait pas tromper à ton âge, mais à ton age est-on bien sûr de ne pas se tromper soi-même? Puisses-tu être désabusé du monde que tu quittes et l'être pour toujours? Rassure-toi d'ailleurs. Jeune comme toi, étranger comme toi au Monténègre, j'y vins chercher un asile, et la même bienveillance m'accueillit parmi ces pasteurs dont je craignois aussi d'être repoussé. Va, continua-t-il avec une sorte d'autorité, prends possession des terres que je t'ai montrées. Elles n'appartenoient à aucun homme en particulier, mais au premier venu, et nous n'en sommes pas au point d'être obligés de réprimer l'excès d'une population embarrassante. Cent familles occupent ici un terri-

toire qui suffiroit à un peuple.
Les enfans de tes enfans y croîtront sans être à charge à leurs
voisins et sans souffrir de l'aspect de la misère. Adieu, me
dit-il. Travaille, prie, et jouis
de toi-même. Je restai seul,
heureux du sentiment de ma
liberté, et maître d'un sol fertile
qui me demandoit à peine quelques travaux que leur facilité
et leur succès changeoient toujours en plaisirs. Mon domaine
sauvage étoit arrosé par les eaux
d'un ruisseau abondant qui,
de temps en temps grossi par

les orages, tomboit en cascade du sommet de mes rochers et alloit baigner au loin des vergers trop riches pour mes besoins, mais dont les fruits attiroient des familles innombrables d'oiseaux voyageurs. Je jouissois avec délices du plaisir de prémunir ces hôtes passagers de mes jardins contre les vicissitudes imprévues des saisons; heureux quand je ravissois l'abeille même, l'abeille saisie tout-à-coup par une brise du soir, à l'action mortelle du froid, et quand je la rapportois, réchauffée par mon souffle, au creux de la roche solitaire où elle avoit coutume de trouver son abri. Je vécus ainsi deux ans sans communiquer avec personne ! J'en avois dix-huit alors, et l'habitude d'une vie agreste avoit développé mes forces, de manière à m'étonner moi-même. J'étois heureux, je le répète, heureux parce que j'étois libre, parce que j'étois sûr de l'être, et je ne connois rien de plus propre à remplir le cœur de l'homme d'émotions délicieuses, que cette pensée dont il jouit si rarement. Comme tout m'enchantoit, comme tout me mettoit hors de moi dans la contemplation de la nature ! souvent cependant j'étois tourmenté par un besoin inconcevable d'être aimé, et par la persuasion désolante que jamais une femme de mon choix ne viendroit dans ces déserts s'associer à mon sort. J'éprouvois alors que le sentiment le plus tendre peut se changer en fureur dans un cœur passionné. J'accablois le monde qui possédoit ce trésor inconnu, de toute la haine que j'aurois portée à un rival heureux. Je rêvois avec dépit, avec une jalouse colère, à ces jeunes filles éblouies des atours de la mode et des flatteries de quelques adorateurs efféminés, qui avoient laissé tomber sur moi un regard dédaigneux à cause de mon obscurité ou de ma trop grande jeunesse. Je sentois avec une sorte de rage qu'il seroit doux de les détromper un jour des préventions de leur vanité, en versant du sang sous leurs yeux ou en les effrayant de la clarté d'un incendie. Pardonnez, Antonia, au délire d'une folle jeunesse abandonnée à ses passions. Je cherchois à dessein les ours de la montagne pour les attaquer avec un pieu qui étoit la seule arme dont je fusse pourvu, et je regrettois que ces femmes ne fussent pas obligées de venir se réfugier, frémissantes de terreur, sous la protection de mon bras, car je les voyois partout. Je ne fréquentois point d'ailleurs les autres bergers mérédites, qui ne se fréquentoient presque pas entre eux ; mais j'en étois connu par quelque courage et par une grande force physique que le hasard m'avoit fait quelquefois essayer devant eux. La bizarrerie de mon apparition, l'isolement absolu dans lequel je vivois, et dont aucune circonstance ne m'avoit fait sortir, ce qu'on rapportoit surtout de ma vigueur et de mon audace, m'avoient acquis ce crédit populaire que les sauvages accordent à l'extraordinaire comme les hommes civilisés. Un jour les montagnes clémentines furent investies de troupes étrangères. Quelques détachemens aventureux vinrent y mourir. Ils étoient soutenus par une armée qui ne tenta pas de les suivre, mais qui menaça quelque temps nos solitudes. Le bocage du plateau inférieur où j'habitois est à peu près inaccessible. Qu'y viendroit chercher d'ailleurs la cupidité des peuples voisins ? Mais beaucoup de nos frères de l'extérieur étoient morts, nous nous levâmes pour les remplacer. Le hasard de la bataille me livra prisonnier à nos ennemis, en dépit de ma résolution. J'avois tout fait pour mourir; car la vie me lassoit, mais je perdis connoissance et on m'entraîna au loin. Cela seroit fort long et fort inutile à raconter. Ce que ma vie est devenue depuis, c'est un autre mystère qu'il faudra peut-être expliquer. Mais combien de fois le souvenir de cet asile inviolable et délicieux, que je me suis acquis dans une société nouvelle, hors des pouvoirs et des lois de la terre, a fait palpiter mon sein ! Combien de fois j'aurois tout quitté pour en reprendre possession, si l'ascendant d'un sentiment invincible ne m'avoit pas retenu.—Depuis long-temps, dit Antonia?—Depuis que je vous ai vue, reprit froidement Lothario; et si mon cœur, moins téméraire dans ses sentimens, s'étoit attaché à quelque femme isolée comme moi au milieu du monde, qui eût pu comprendre et envier le bonheur des bocages mérédites?—C'étoit le rêve de ma jeunesse!—Il me semble, Lothario, dit madame Alberti, que vous créez des chimères pour les combattre. Je n'ai point examiné, je n'ai pas même entrepris d'approfondir le secret étrange qui vous fait renoncer de si bonne heure à tous les avantages que vos heureuses qualités vous donnoient lieu d'espérer dans le monde ; mais mon existence est liée sans condition à l'existence de ma sœur, et je sais déjà qu'elle est prête à se soumettre aux caprices sauvages de votre philosophie, jusqu'à ce qu'il vous plaise de revenir à un genre de vie plus digne d'elle et de vous. Elle seule a le droit de me désavouer.—Allons aux montagnes clémentines, dit Antonia en se jetant dans les bras de sa sœur. — Aux montagnes clémentines ! s'écria Lothario. Antonia y seroit venue ! elle m'y auroit suivi, et la privation d'un tel bonheur ne suffiroit pas à mon châtiment éternel ! — La porte s'ouvrit aux visites ordinaires. Un poids de glace tomba sur le cœur d'Antonia. Lothario s'approcha d'elle doucement ; et, couvrant ses transports d'une apparence froide et polie : aux montagnes clémentines, répéta-t-il à voix basse ? Antonia y seroit venue ? — Antonia cherche les yeux de sa sœur. Partout, dit-elle en la montrant, partout avec elle — et avec Lothario. Laissez-moi rêver, reprit-il, au bonheur qui m'est réservé ou à celui que j'ai perdu. Je ne suis pas assez calme pour voir distinctement mon avenir. — Demain... ou jamais !

Lothario étoit sorti dans le plus grand trouble ; le cœur d'Antonia n'étoit pas plus tranquille. Son inquiétude étoit devenue une affreuse perplexité. Deux heures après, Matteo entra, et présenta une lettre à Antonia, qui la tendit à madame Alberti. Elles étoient seules. Ce billet étoit conçu en ces termes :

« Jamais, Antonia, jamais ! Ne m'accusez pas ; oubliez-moi... après m'avoir pleuré un moment. Je renonce à tout, au seul bonheur que mon misérable cœur ait jamais compris. Je vais chercher la mort qui m'a trop long-temps épargné. O mon Antonia ! si ce monde, auquel tu crois, peut s'ouvrir un jour à la voix du repentir ; si, parmi les enfans de Dieu, il n'y en a point qui soit déshérité d'avance, je te reverrai. — Te revoir ! hélas ! jamais, Antonia, jamais ! »

Lothario.

Madame Alberti avoit lu ces lignes d'une voix tremblante, et sans oser lever les yeux sur sa sœur. Quand elle regarda Antonia, elle fut effrayée de sa pâleur et de son immobilité. Un coup terrible venoit d'être porté à ce foible cœur, et madame Alberti conçut que ce coup étoit irréparable. Le départ de Lothario fut le jour même connu dans Venise; et, suivant l'usage, il y fit naître une foule de conjectures diverses, plus étranges les unes que les autres. Lorsqu'Antonia fut en état d'y réfléchir, elle n'y vit qu'une énigme affreuse, dont elle ne pouvoit chercher le mot sans sentir son cœur défaillir, et sa raison s'égarer. Une seule fois, elle crut un moment pouvoir en saisir le mystère. Depuis le jour où Lothario avoit dit à Antonia son dernier adieu, *demain ou jamais*, on avoit évité de la laisser rentrer dans cet appartement, qui ne lui rappeloit que des pensées cruelles et de mortels regrets. Comme elle étoit parvenue à s'y introduire sans témoins, et qu'elle regardoit, pensive, la place où il l'avoit quittée, elle aperçut, au pied du siége sur lequel elle étoit assise, de petites tablettes de cuir de Russie, garnies d'une agrafe d'acier dont le ressort étoit brisé. Elle s'en saisit; et, pensant qu'elles pouvoient contenir l'explication dont elle avoit besoin, que peut-être même Lothario ne les avoit pas abandonnées sans dessein dans cet endroit, elle les ouvrit avec empressement, et y promena rapidement ses regards. Elles ne renfermoient qu'une vingtaine de lignes éparses, tracées tantôt avec un crayon, tantôt avec une plume, suivant les circonstances où elles s'étoient présentées à l'imagination de Lothario. Deux ou trois étoient écrites avec du sang. Ces lignes offroient peu de liaison entre elles; mais presque toutes étoient inspirées par ce fatal esprit de paradoxe, par cette misanthropie farouche et exaltée qui dominoit dans ses discours.

Trop préoccupée par les sentitimens qui remplissoient son cœur pour s'attacher à leur sens, et pour y voir autre chose que ce qu'elles offroient en effet de plus remarquable, des images singulières, des pensées rêveuses, des traits d'une énergie sombre, mais rien qui pût dissiper ses doutes ou les fixer, Antonia referma les tablettes de Lothario, et les cacha dans son sein, sans les communiquer à madame Alberti.

CHAPITRE XIII.

Ne cherchons pas à débrouiller pourquoi l'innocent gémit, tandis que le crime est revêtu de la robe d'honneur. Le jour des vengeances, le jour de la rétribution éternelle peut seul nous dévoiler le secret du juge et de la victime.

Hervey.

TABLETTES DE LOTHARIO.

« Le mont Taurus élevoit son front par-dessus toutes les collines; une d'elles lui dit : Je ne suis qu'une colline, mais je renferme un volcan.

« La société, c'est-à-dire, une poignée de patriciens, de publicains et d'augures, et, de l'autre côté, le genre humain tout entier dans ses langes et dans ses lisières....

« Les législateurs du dix-huitième siècle ressemblent aux architectes de Lycérus, qui emportoient dans les airs les matériaux d'un palais, et qui ne s'occupoient pas des fondemens.

« Les peuples demandent à être gouvernés. Les peuples dépraves ont besoin d'être soumis.

La liberté est un aliment généreux qui ne convient qu'à une saine et robuste adolescence.

« Quand la politique est devenue une science de mots, tout est perdu. Il y a quelque chose de plus vil au monde que l'esclave d'un tyran; c'est la dupe d'un sophiste.

« Il est convenable que les hommes s'égorgent pour leurs droits, et que ces prétendus droits de l'homme ne soient que des mots mystiques interprétés par des avocats. Pourquoi ne parle-t-on jamais à l'homme du premier des droits de l'homme, de son droit à une part de terre déterminée dans la proportion de l'individu au territoire ?

« Quelle est cette loi qui porte les emblèmes et le nom de l'égalité à son frontispice ? Est-ce la loi agraire ? Non. C'est le contrat de vente d'une nation livrée aux riches par des intrigans et des factieux qui veulent devenir riches.

« Un homme flatte le peuple,

Il lui promet de le servir. Il est arrivé au pouvoir. On croit qu'il va demander le partage des biens. Ce n'est pas cela. Il acquiert des biens, et il s'associe avec les tyrans pour le partage du peuple.

« Le mot sacré des Hébreux, c'est l'or. Il y a une manière de le prononcer à l'oreille des juges de la terre, qui fait tomber votre ennemi roide mort.

« Lycurgue pensa une chose étrange. C'est que le vol étoit la seule institution qui pût maintenir l'équilibre social.

« N'es-tu pas las, jeune homme, de moissonner les jardins de Tantale ? Ouvre les yeux sur les maux de l'humanité ; regarde. Le gouffre de Curtius est encore ouvert, et il faut que beaucoup s'y précipitent pour le salut du monde.

« L'aumône est une restitution partielle, faite à l'amiable. Le mendiant transige ; plaidons.

« Tirez un homme du fond

des bois, et montrez-lui la société ; il sera bientôt corrompu et méprisable comme vous, mais il ne comprendra jamais l'aréopage impassible qui envoie froidement un mendiant à la potence pour avoir décimé le banquet d'un millionnaire.

« La méchanceté est une maladie sociale. L'homme est bon quand il est seul. Comptez les étages d'une ville, et rappelez-vous la parabole de Babel.

« Si j'avois le pacte social à

ma disposition, je n'y changerois rien, je le déchirerois.

« On a bien des grâces à rendre à son étoile quand on peut quitter les hommes sans être obligé de leur faire du mal et de se déclarer leur ennemi.

« Quelle différence y a-t-il entre un crime et une action héroïque, entre un supplice et une apothéose ? Le lieu, le temps, la méprisable opinion d'une foule stupide qui ne connoît pas le véritable nom des choses, et qui applique su hasard ceux que l'usage lui a appris.

« Les fléaux sont dans l'ordre de la nature, et les lois n'y sont pas.

" C'étoit une idée moins appropriée à la Divinité, telle que je la conçois, mais qui avoit quelque chose de consolant pour l'homme, que de donner des infirmités aux dieux. J'aime qu'Apollon soit banni, que Cérès souffre de la faim chez la mère de Stellion, que Vénus soit blessée par Diomède, que le berceau d'Hercule soit entouré de serpens comme celui du génie, et qu'il meure lui-même dévoré par cette robe de Nessus qu'il a léguée à ses successeurs.

« Si mon cœur pouvoit se donner la foi.... si j'avois un dieu à *inventer*, je voudrois qu'il fût né sur la paille d'une étable, qu'il n'eût échappé aux assassins que dans les bras d'un pauvre artisan qui auroit passé pour son père; que son enfance se fût écoulée dans la misère et dans l'exil; qu'il eût été proscrit toute sa vie, méprisé des grands, inconnu des rois, persécuté par les prêtres, renié par ses amis, vendu par un de ses disciples, abandonné par le plus intègre de ses juges, dévoué au supplice de préférence au dernier des scélérats, fouetté de verges, couronné d'épines, outragé par les bourreaux, et qu'il eût péri entre deux voleurs, dont l'un le suivît dans le ciel.

» Dieu tout - puissant, ayez pitié de moi! »

CHAPITRE XIV.

> C'est moi qui conduis au séjour des gémissemens, c'est moi qui conduis dans l'éternelle douleur, c'est moi qui conduis au milieu du peuple réprouvé, des rebelles. — Laissez toute espérance, vous qui entrez.
>
> Dante.

Depuis le départ de Lothario, la mélancolie d'Antonia avoit fait de rapides progrès. Elle étoit tombée dans un abattement d'autant plus effrayant, qu'elle sembloit en ignorer elle-même ou en avoir oublié la cause. Sa tristesse n'avoit rien de déterminé; c'étoit un malaise vague duquel on la tiroit avec une distraction vive, mais où elle rentroit plus vite qu'elle n'en étoit sortie. Il lui arrivoit souvent de sourire, et quelquefois même sans motif; alors sa gaîté faisoit peine à voir, parce que l'expression de sa physionomie paroissoit bien ne pas s'accorder avec l'état de son cœur. Jamais elle n'avoit cherché avec plus de soin les promenades solitaires. Presque tous les lieux qu'elle fréquentoit lui rappeloient Lothario, mais elle ne le nommoit jamais. Elle évitoit les conversations où son souvenir pouvoit se mêler; on auroit cru qu'elle cherchoit à se persuader qu'il n'avoit pas existé pour elle, et qu'il n'étoit dans sa vie que l'illusion d'un rêve ou d'un accès de délire. Elle s'occupoit souvent au contraire de son père et de sa mère qu'elle n'avoit pas nommés depuis long-temps, et elle en parloit, contre son usage, sans répandre des larmes, comme si elle n'en avoit été séparée que par un court espace de chemin, et qu'elle dût bientôt les rejoindre. Madame Alberti regarda cette circonstance comme quelque chose d'heureux dans la situation d'Antonia. Elle pensa que ses souvenirs se détruiroient plus facilement les uns par les autres, et qu'il lui seroit plus aisé d'oublier les contrariétés d'un sentiment dont elle étoit encore loin de connoître toute la jouissance auprès du tombeau de ses parens. Elle résolut donc de reconduire Antonia à Trieste, et Antonia reçut cette proposition avec un témoignage de satisfaction froide, le seul que ses traits mornes et ses yeux fixes pussent imparfaitement manifester. Au reste, madame Alberti n'avoit pas renoncé pour elle à toute espérance. Elle étoit bien persuadée au contraire, et il n'y avoit à la vérité rien de plus probable que l'étrange procédé de Lothario n'étoit qu'un nouvel effet de la bizarrerie de son caractère ou de l'embarras de sa position, et qu'il ne tarderoit pas à revenir aux pieds d'Antonia réclamer les droits qu'elle lui avoit donnés à un bonheur qui sembloit passer toutes ses espérances. Il étoit possible que les raisons qui rendoient nécessaire ce mystère singulier dont il enveloppoit ses actions, l'empêchassent alors de former un nœud qui, en fixant tout-à-fait son existence, le soumettroit de trop près et par trop de points à la curiosité des hommes, et le soustrairoit à ce vague de conjectures dont l'incertitude ne lui étoit sans doute pas inutile. Dans l'état de l'Europe, combien d'hommes éminens étoient forcés, comme Lothario, à cacher leur nom à travers vingt pays différens, et à se dérober comme lui aux affections les plus profondes, aux devoirs les plus doux de la nature, pour conserver leur sécurité, et surtout pour ne pas compromettre celle des personnes qui leur étoient chères. Telle étoit évidemment la situation de Lothario, et il falloit bien qu'elle changeât un jour. Il auroit été absurde de chercher à sa conduite une autre explication. On pouvoit même penser que s'il avoit redouté, avec de justes motifs, de trop prolonger son séjour dans une grande capitale où il étoit déjà très-connu, il ne manqueroit pas de se diriger du côté de Trieste, quand il auroit appris qu'Antonia y étoit de retour. Ces suppositions avoient beaucoup de vraisemblance, et Antonia ne les repoussoit point; seulement elle ne répondoit rien, et regardoit sa sœur d'un œil défiant quand il en étoit question ; puis elle se jetoit dans ses bras.

Les affaires qui les avoient appelées à Venise ne les retenant plus, elles en partirent sur un bateau qui se rendoit à Trieste par les lagunes. Cette manière de voyager leur avoit paru préférable à toute autre, parce qu'elle leur faisoit éviter les routes infestées par la troupe de Jean Sbogar, et surtout le passage dangereux où elles avoient failli devenir ses prisonnières.

Les canaux des lagunes offrent peu d'intérêt au voyageur. Tracés par la nature entre les portions de terre désertes et arides que la mer envahit et abandonne tour à tour, et qui ne peuvent offrir d'asile qu'aux troupes errantes des oiseaux de rivages; rien ne varie, rien n'anime leur triste monotonie. Ils ne présentent partout aux regards que des grèves stériles ou des forêts de roseaux, d'où s'élève quelquefois avec un long cri le héron, surpris dans son sommeil par le bruit des mariniers et des passagers. Antonia, pensive, n'avoit pas encore été distraite de ses tristes réflexions par aucune circonstance digne de l'occuper, quand la nuit tomba et leur prêta un caractère plus calme et plus doux. Le ciel étoit parsemé d'étoiles brillantes, mais la lune lui refusoit sa lumière. On ne distinguoit plus rien hors de la barque, et le balancement alternatif des rameurs s'y faisoit à peine appercevoir. On n'entendoit que la chute cadencée de leurs rames et le sifflement de l'eau divisée par la proue. Tout-à-coup l'homme, placé au gouvernail, rompit le silence de la nature en chantant, d'une voix qui n'étoit pas sans agrémens, quelques strophes du Tasse où étoient peintes en vers harmonieux les délices de la solitude entre deux amans également épris. Ses accens, que rien ne réfléchissoit dans l'immensité de l'air et du ciel, et qui s'étendoient sans obstacle sur la surface unie de la mer, faisoient participer l'ame à la jouissance de cet infini dans lequel ils alloient mourir. Antonia les écoutoit avec un sentiment dont la douceur l'étonna, et qu'un moment auparavant elle n'auroit pas cru pouvoir goûter encore.

Elle ne savoit à quoi attribuer la confiance qui remplissoit son cœur, et qui en calmoit tous les orages. Ce n'étoit pas l'illusion vive et tumultueuse des premières espérances, c'étoit la jouissance reposée d'un avenir pur. Il lui sembloit que ces intelligences tutélaires qui veillent sur les derniers momens de l'innocence et qui viennent lui ouvrir le séjour de l'éternel repos, devoient manifester ainsi leur présence. Madame Alberti éprouvoit la même émotion. Sa main s'étoit unie à celle d'Antonia, elles s'étoient penchées l'une contre l'autre, et leurs cœurs battoient d'un mouvement régulier et doux. Plongées dans une langueur que l'extrême tranquillité de l'air et l'ondulation presque insensible des eaux contribuoient à entretenir, elles s'endormirent en s'embrassant. Un coup de fusil tiré à peu de distance troubla le sommeil d'Antonia. Madame Alberti étoit encore appuyée contre elle, mais elle ne parla point. Antonia crut d'abord qu'elle avoit rêvé; mais l'immobilité du bateau, le silence des rames, et quelques mots étrangers qu'elle entendit dans l'entretien confus des mariniers épouvantés, la détrompèrent. Elle essaya de réveiller sa sœur, sans pouvoir y parvenir. Elle voulut se lever, et se sentit saisir le bras par une main froide et nerveuse. C'est encore une femme, dit une voix. Jean ne sera pas content. A ces paroles, ses cheveux se dressèrent sur son front, une sueur froide inonda ses membres, et elle perdit connoissance. Elle ne revint à elle qu'au bruit des roues d'une voiture qui la conduisoit, et sous laquelle trembloient, en grondant sourdement, les ais retentissans d'un pont-levis. Elle étoit seule.

Antonia, revenue de ce premier accès d'étonnement, qui donne aux malheurs inattendus l'apparence d'un songe, ne tarda pas à comprendre celui-ci. Il étoit hors de doute que c'étoient des bandits postés sur les bords de la mer, qui avoient arrêté le bateau, et ces bandits ne pouvoient appartenir qu'à la troupe de Jean Sbogar. Descendue de la voiture, et soutenue par deux hommes, dont la mise bizarre et la physionomie féroce la remplissoient d'effroi toutes les fois que les lumières éparses sous les voûtes venoient à les éclairer, elle parcouroit les vastes galeries, les escaliers immenses, les salles gothiques du château, en se confirmant graduellement dans l'horrible idée qu'elle étoit prisonnière à Duino. Arrivée à une chambre qui paroissoit lui être destinée, et où son affreuse escorte la laissa libre un moment, elle s'élança vers une croisée ouverte, et ne vit devant elle que la mer. Une lueur lointaine, qui lui parut être celle du phare d'Aquilée, brilloit seule au milieu des astres nocturnes. Elle ne douta plus de son sort, et tomba navrée de douleur sur un fauteuil. A Duino ! s'écria-t-elle : — Jean Sbogar ! — Mais qu'a-t-on fait de ma sœur ? — Les voûtes sonores répondirent seules à ses cris. Le dernier mot qu'elle avoit prononcé expira dans leurs profondeurs, comme une voix foible qui s'éteint. Antonia se leva épouvantée en répétant, ma sœur!... du ton d'une personne affligée d'un songe pénible, et qui cherche à se réveiller. L'illusion de l'écho se renouvela plus sinistre encore. Elle ressembloit au dernier gémissement d'une mort violente. La malheureuse Antonia, presque incapable de se soutenir, s'appuya contre un des grands pilastres de la porte d'entrée, sous un réverbère qui répandoit sur elle toute sa clarté. Elle embrassa en tremblant la colonne froide, y colla son visage à demi-recouvert de ses cheveux flottans, et se sentit fléchir sous le poids de sa terreur. Quelques hommes groupés dans le corridor paroissoient la regarder de loin; mais la foiblesse de sa vue ne lui laissoit distinguer, dans l'ombre où ils étoient cachés, que le mouvement de leurs panaches, et elle n'étoit pas bien sûre de ne pas s'abuser, quand un cri terrible frappa son oreille. Un de ces hommes s'étoit enfui en la nommant.

La nuit étoit fort avancée,

lorsqu'Antonia céda pour la seconde fois à ces cruelles émotions. Ce ne fut que bien des heures après qu'on put la rendre entièrement à elle-même. Elle s'étonna, en regardant autour d'elle, de la délicatesse, des soins dont elle étoit l'objet. On l'avoit transportée dans une chambre plus commode et plus ornée. Il n'y avoit pas de femmes dans le château ; mais elle étoit servie par des enfans d'une figure agréable. Un seul des brigands sollicita, vers la fin du jour, la permission d'être introduit auprès d'elle pour s'acquitter des ordres dont son capitaine l'avoit chargé. C'étoit un très-jeune homme, dont la physionomie triste, mais douce et modeste, auroit inspiré dans tout autre lieu la confiance et l'intérêt. Il venoit apprendre à Antonia que son bateau n'avoit été attaqué que par la méprise la plus funeste; que rien de ce qu'elle possédoit ne lui seroit enlevé; qu'elle-même étoit libre à Duino, qu'elle n'y avoit pas cessé de l'être; que tout étoit disposé pour son voyage, et qu'il dépendoit d'elle seule de le hâter, ou de le retarder, suivant que sa santé l'exigeroit ; qu'en attendant enfin, elle pouvoit commander en souveraine à tout ce qui habitoit dans le château. — Mais ma sœur, s'écria Antonia! — Votre sœur, madame, répondit le jeune homme en baissant les yeux, ne peut pas vous être rendue. C'est la seule réserve que nous soyons obligés de mettre à notre obéissance, et cette condition même n'est pas imposée par une force qui dépende de nous.

— Et qui a pu l'imposer, reprit vivement Antonia? Qui empêcheroit que je me réunisse à ma sœur, qui a été arrêtée, enlevée, conduite ici avec moi? Ah! je ne veux aucun des avantages, aucune des réparations que vous m'offrez, si je ne les partage avec elle. — Madame, dit le jeune homme en s'inclinant, je n'ai pas reçu d'autres instructions; et il se retira sans attendre de nouvelles instances. Le nom de madame Alberti erroit encore sur les lèvres d'Antonia interdite; il ne fut pas entendu.

La perplexité dans laquelle elle resta plongée est plus facile à comprendre qu'à décrire. Elle commençoit à espérer que cet événement n'auroit pas les suites affreuses qu'il lui avoit fait craindre; mais elle ne devinoit pas les motifs qu'on pouvoit avoir de la tenir éloignée de sa sœur, et ce nouveau mystère étoit un abîme où son esprit s'égaroit. Tout lui persuadoit d'ailleurs qu'on ne l'avoit pas trompée par de fausses promesses. Le soleil étoit couché depuis plusieurs heures, et ses portes restoient ouvertes. Les gens employés à la servir s'étoient retirés d'eux-mêmes pour lui laisser une liberté entière, en lui indiquant la partie de son appartement qu'ils alloient occuper et où ils attendoient ses ordres. Enfin il ne paroissoit pas un soldat dans la vaste étendue des corridors qu'on avoit éclairés comme pour lui offrir un passage, à quelque moment qu'elle prît la résolution de sortir. Rassurée par tout ce qu'elle remarquoit, elle n'hésita pas à s'engager dans la galerie qui aboutissoit à sa chambre, et à suivre ses détours jusqu'au grand escalier du château. Elle descendit sans obstacles, parcourut avec la même facilité le vestibule et les cours, et parvint au pont-levis sans rencontrer personne. Il se baissa à son approche, comme si une puissance magique avoit interprété le vœu d'Antonia, et s'étoit empressée d'y obéir. A peine l'eut-elle laissé derrière elle, qu'elle aperçut une voiture de voyage prête à partir, et gardée par des domestiques.

Elle crut même reconnoître qu'elle étoit chargée des bagages qui avoient été pris avec elle sur le bateau, et l'empressement du postillon, à son approche, lui donna lieu de croire qu'elle étoit attendue. Elle s'informa cependant de la destination de cette voiture. — Apparemment pour Trieste, répondit un des domestiques, mais pour tel lieu qu'il plaira à la signora Antonia de Monteleone. — C'est moi, reprit Antonia. — Nous n'en doutions pas, dit le postillon; il n'y a pas d'autre femme dans ce château, et nous sommes prêts à vous obéir. — Il y a une autre femme dans ce château ! s'écria Antonia.... Ma sœur est dans ce château..... Ne vous a-t-on pas prévenus que je serois accompagnée de ma sœur ? — On n'a parlé que de la signora, dit-il en secouant tristement la tête, et il n'y a pas d'apparence que sa sœur puisse sortir du château si ce n'est pas l'intention du propriétaire. Mais madame ne connoît peut-être pas le propriétaire du château de Duino. Captive depuis si peu de temps..... — Pardonnez-moi, répondit Antonia, je sais où je suis. Il est cependant incompréhensible que ma sœur ne soit pas ici.—Le pont-levis étoit encore baissé. Le château n'étoit gardé que par les vigies de ses tours. Antonia jeta les yeux dans l'intérieur, et pensa que sa sœur y étoit prisonnière. Je resterai, dit-elle d'une voix forte; je ne partirai pas sans elle, et sa destinée sera la mienne. En prononçant ces paroles, elle avoit rapidement parcouru une partie de l'espace qui la séparoit du grand escalier. Elle se retourna pour voir si elle n'étoit pas suivie. Le pont-levis se relevoit. A cet aspect, son courage foiblit ; il lui sembla que tout finissoit, et qu'elle venoit d'élever entre elle et le monde une barrière qu'elle ne franchiroit plus. Elle auroit voulu se voir transportée tout-à-coup au milieu d'une forêt sauvage, à la merci des animaux les plus féroces, pendant une des nuits les plus âpres de l'hiver ; mais, encore libre et maîtresse d'elle-même, les murs du château pesoient sur elle, sur l'air qu'elle respiroit, et son cœur comprimé étoit près d'éclater dans son sein. Elle s'approcha de la balustrade pour s'appuyer et pour reprendre haleine. Ses yeux étoient tournés vers un soupirail d'où sortoit une foible lumière qui venoit trembler à ses pieds. Au bout de quelques instans d'attention vague et in-volontaire, elle crut saisir des bruits singuliers qui sortoient aussi des souterrains du château, et qui rappeloient à son esprit la solennité de certains chants religieux. Elle jugea d'abord que ce devoit être le mugissement de la mer qui se brise au pied de la montagne ; mais ces bruits n'arrivoient à elle que par intervalles, quelquefois même ils paroissoient tout-à-fait arrêtés, et Antonia se rapprochoit à pas mesurés du soupirail avec une curiosité inquiète. Ils la frappèrent enfin plus directement, au point qu'elle s'imaginoit y discerner des sons articulés et le nom même de sa sœur. Persuadée que la préoccupation de son esprit pouvoit avoir produit cette illusion, elle s'agenouilla sur le bord du soupirail ; et, retenant sa respiration pour ne pas perdre le moindre bruit qui agitoit l'air, elle l'entendit encore. Ma sœur est là, dit-elle à haute voix, incapable de modérer le sentiment qui absorboit toutes ses idées, qui pénétroit tous ses sens d'un mélange inconcevable de joie et de terreur. Elle se releva précipitamment, et s'élança dans une rampe mal éclairée qui devoit la conduire aux souterrains du château. Après d'innombrables détours qu'indiquoient, d'espace en espace, des lampes pâles cachées dans les creux de la muraille, elle ralentit sa marche, parce que le bruit qui l'avoit attirée s'étoit augmenté de manière à ne pas lui laisser perdre un mot, mais elle n'entendit plus le nom de madame Alberti. C'étoit seulement, comme elle l'avoit présumé, un chant semblable aux chants de l'église, qui étoit entonné par une seule voix et répété en chœur. Bientôt elle arriva au lieu même de la cérémonie ; et, transie de frayeur, elle se glissa comme un spectre entre les hautes colonnes qui soutenoient la voûte à une hauteur prodigieuse, cachée dans les ombres que projetoient au loin leurs bases énormes. Toutes ces colonnes, chargées de faisceaux de lances, de cimeterres et d'armes à feu, formoient une espèce de forêt à travers laquelle on ne pouvoit distinguer que confusément ce qui se passoit au centre de cette salle souterraine. Antonia, exaltée par son attachement pour sa sœur, s'armoit de plus en plus d'une résolution jusqu'alors étrangère à son caractère. Chaque fois que les voix réunies remplissoient les échos d'un bruit prolongé qui pouvoit couvrir le bruit de ses pas, elle voloit d'une colonne à l'autre, et attendoit, pour oser tourner ses yeux sur l'enceinte, que le silence universel qui y succédoit de temps à autre, et que son aspect auroit sans doute troublé, lui prouvât qu'elle n'avoit pas été aperçue. Cependant la délicatesse de sa vue ne lui permettoit de distinguer les objets que comme s'ils avoient été interceptés par un nuage, et le vague que son imagination prêtoit à leurs formes incertaines augmentoit la terreur de cette scène nocturne. Du côté opposé à l'entrée du souterrain, s'élevoit une longue suite d'arcades anguleuses dont les points se perdoient dans l'obscurité de la voûte, et qui n'étoient séparés entre elles que par des groupes de colonnes minces, noircies et usées par le temps. Des tentures de deuil coupoient ces arcades à une certaine élévation, et les brigands disséminés sur le fond de cette décoration funèbre ajoutoient à sa mystérieuse horreur; les uns immobiles et recueillis, assis au fond des stalles creusées dans le massif des colonnes, et qu'on auroit pris pour des figures sinistres disposées par un sculpteur atrabilaire ; ceux-ci debout autour des candelabres de fer, et attisant de leurs poignards la flamme des torches et des brasiers ; ceux-là qui se perdoient dans la nuit des portiques éloignés, et qui, à travers les ténèbres mobiles dont s'obscurcissoient et se dégageoient tour à tour leurs têtes sourcilleuses et leurs barbes touffues, ressembloient à autant de fantômes. Parmi eux, il en étoit un surtout dont la singulière attitude excitoit d'autant plus vivement l'attention d'Antonia, qu'elle jugea bientôt qu'il étoit malheureux et sensible. Son visage étoit enveloppé d'un crêpe qui le cachoit entièrement. Agenouillé sur les premières marches d'une estrade dont le reste se déroboit à la vue d'Antonia, il étoit appuyé sur la poignée de son sabre et pleuroit amèrement. Le bruit de ses sanglots interrompoit seul la voix ferme et soutenue du prêtre qui présidoit au sacrifice. Antonia, hors d'elle-même et pressée d'une curiosité invincible, fit un mouvement pour voir l'autel. C'étoit un lit funèbre, et sur ce lit une femme couchée, la tête soulevée sur un coussin de velours noir, et à peine défigurée par les traces récentes de la mort. Ma sœur! s'écria Antonia, et elle tomba. C'étoit elle en effet, car le coup de fusil tiré sur le bateau l'avoit tuée, et la troupe de Jean Sbogar lui rendoit les derniers honneurs.

CHAPITRE XV.

Pourquoi hérisses-tu ainsi, en me regardant, ta chevelure sanglante? Pourquoi tournes-tu sur moi ces yeux dont la prunelle desséchée a disparu de son orbite? Ce n'est pas moi qui t'ai tué?

Shakespeare.

Vous retrouverai-je partout, ombres des assassinés, avec vos larges plaies livides; et vous, mères éplorées qui me montrez ces flammes allumées par mes mains, ces flammes dont les langues horribles dévorent le berceau de vos premiers nés?

Schiller.

Antonia resta long-temps ensevelie dans un état qui ressembloit au sommeil. Elle ne paroissoit éprouver aucune agitation, et ce calme étoit si profond, il devoit faire place selon toute apparence à de si mortelles angoisses, qu'on trembloit de le voir cesser. Cependant, elle revint à elle sans manifester de douleur. Tout au plus, elle sembloit occupée d'une idée fâcheuse, d'un souvenir importun, qu'elle essayoit de chasser. Elle promenoit ses regards autour d'elle avec incertitude, et passoit sa main sur son front pour chercher à se rendre compte d'un doute inquiétant. Je sais bien, dit-elle enfin, je sais où elle est. Je la retrouverai ce soir. Fitzer, le plus jeune des brigands, s'approcha d'elle pour s'informer de son état. Elle lui sourit comme à une personne connue, parce que c'étoit lui qui lui avoit parlé la veille de la part de Jean Sbogar.

Je vous attendois depuis long-temps, reprit-elle. Je voudrois savoir de vous de quel supplice vous punissez les indiscrets qui pénètrent dans vos fêtes sans y avoir été priés. Je connois une jeune fille... Mais je vous recommande ce secret sur le salut de ce que vous aimez le mieux au monde... Promettez-moi de n'en parler jamais à personne. — Le jeune homme la regardoit, les yeux mouillés de larmes, parce qu'il s'apercevoit que sa raison étoit égarée. Attends, lui dit-elle du ton de la plus grande surprise, ce sont des larmes ! je croyois qu'on ne pleuroit plus. Ne cache pas tes larmes. Quant à moi, je ne puis plus en montrer. Je me souviens d'avoir vu un autre homme, c'étoit dans un endroit où je n'étois pas attendue, un homme qui pleuroit aussi. Je pense que ce pouvoit être toi, car son visage étoit couvert d'un voile qui m'empêchoit de le reconnoître.

Ses traits me sont incounus comme à vous, répondit Fitzer. Peu d'entre nous l'ont aperçu autrement qu'à travers ce voile ou la visière de son casque. Nos vieux guerriers seuls l'ont vu à découvert dans les combats; mais il vient très-rarement à Duino, et n'y paroît que masqué depuis que nous parcourons

sans danger les provinces vénitiennes. C'est notre capitaine.—
Où est-il? reprit froidement
Antonia. Il ne sait donc pas
que je suis ici? — Il le sait,
mais il n'ose se présenter devant vous, de crainte que sa
présence ne vous alarme, et
que vous ne lui imputiez l'erreur qui vous a rendue captive.
— Captive, dis-tu, Antonia est
plus libre que l'air! Cette nuit
encore, je me suis promenée
bien loin d'ici dans des bos-
quets délicieux, où je respirois
un air si pur! Je n'ai jamais vu

tant de fleurs! Ma sœur y étoit avec moi; elle a voulu y rester. J'y allois plus souvent quand j'étois plus jeune; mais je n'y suis jamais allée avec ma mère. Ma vie a bien changé depuis ce temps-là. — Antonia reposa sa tête sur sa main, et ses paupières s'abaissèrent. Son teint étoit animé des couleurs les plus vives, ses lèvres desséchées par une haleine brûlante. Une fièvre de feu faisoit bouillonner son sang.

Le destin d'Antonia s'accomplissoit. Il ne lui restoit plus sur la terre d'autre protection que celle de ce redoutable amant qui lui avoit si mystérieusement apparu au *Farnedo*, et qui étoit Jean Sbogar lui-même. L'amour de Jean Sbogar veilla sur elle avec une sollicitude et avec une pureté qui l'auroit étonnée sans doute, si le trouble de sa raison lui avoit permis de réfléchir sur son état. On fit venir des chaumières de Sestiana de jeunes femmes pour la servir et pour la garder; des médecins célèbres furent appelés ou enlevés des villes voisines pour lui donner les soins que sa maladie exigeoit. Un ecclésiastique, depuis long-temps prisonnier des brigands, celui qui venoit de célébrer le service funèbre de madame Alberti, dans un souterrain qu'ils avoient converti en chapelle pour cette cérémonie, épioit auprès de son lit de douleur les instans lucides que son mal lui laissoit, pour lui porter les consolations du ciel. Ces hommes féroces enfin, dont l'ame n'avoit dû concevoir jusque-là que des pensées de sang, purifiés par l'aspect de tant d'innocence et touchés de tant d'infortune, lui prodiguèrent les marques de soumission les plus délicates et les plus tendres. Antonia s'accoutumoit à les voir et à les entretenir des illusions bizarres qui se succédoient dans son imagination malade. Jean Sbogar, lui seul, n'osoit se présenter auprès d'elle sous le voile ou le casque à visière qui déroboit ses traits, que lorsqu'elle étoit livrée au sommeil, ou que le délire lui ôtoit la connoissance de tous les objets, et qu'il pouvoit nourrir ses regards de la douloureuse contemplation de l'objet aimé, sans s'exposer à lui inspirer de la crainte et de l'horreur. Un jour cependant, prosterné à ses pieds et incapable de contenir les sentimens qui l'oppressoient, Antonia ! s'écria-t-il d'une voix étouffée par les sanglots, Antotonia ! chère Antonia ! — Elle se retourna de son côté, et le regarda avec douceur. Il s'empressoit de s'éloigner. Elle le rappela d'un signe. Il demeura, la tête penchée sur sa poitrine, dans l'attitude de l'obéissance et de l'attention. Antonia! dit-elle après un moment de silence, je crois que c'est en effet mon nom, je le portois dans la maison où je suis née, et l'on me promettoit alors d'être heureuse. Ecoute, continua-t-elle en prenant la main du voleur, je veux te faire une confidence. Du temps de ma première jeunesse, quand je croyois qu'il étoit si aisé et si doux de vivre, quand mon sang ne brûloit pas mes veines, quand mes pleurs ne brûloient pas mes joues, quand je ne voyois pas des esprits qui courent dans les halliers, qui ouvrent la terre en la frappant de leur pied, qui y creusent des abîmes plus profonds que la mer, et qui en font jaillir des sources du feu; quand les ames des assassins qui n'ont point d'asile dans le tombeau, ne venoient pas encore autour de moi bondir et s'élancer avec des rires cruels, et qu'à mon réveil je n'étois pas obligé de détacher la vipère enlacée à mes cheveux, la vipère dont la tête écumante d'un poison bleuâtre a reposé sur mon cou... Dans ce temps-là il y avoit un ange qui voyageoit sur la terre avec des traits qui auroient ému le cœur d'un parricide ; mais je n'ai fait que le voir, parce que Dieu le retira quand sa félicité fut jalouse de la mienne, et je l'appelois Lothario, mon Lothario...... Je me rappelle que nous avions un palais dans des montagnes bien éloignées. Jamais je n'ai pu en trouver le chemin.

Quoique le brigand n'eût pas quitté son voile, Antonia s'aperçut que ses pleurs avoient redoublé à ces derniers mots. Elle lui sourit alors avec une pitié tendre ; et, reprenant sa main qu'elle avoit laissé échapper et qui n'avoit osé retenir la sienne: Je sais, lui dit-elle, que je te fais de la peine, et je t'en demande pardon. Je n'ignore pas que tu m'aimes et que je suis ta fiancée, la fiancée de Jean Sbogar. Tu vois que je te connois et que je parle raison aujourd'hui. Il y a long-tems que notre mariage est arrangé, mais je n'ai pas voulu avoir de secrets pour toi. D'ailleurs ce Lothario pourroit bien ne pas exister. J'ai vu, depuis quelques jours, tant de personnes qui n'existent que dans mon imagination et qui m'échappent quand je reviens à moi. Je suis sûre, par exemple, que tu ne m'as pas connu de sœur ? Non, reprit-elle après avoir réfléchi un instant. Si j'avois une sœur, elle me tiendroit lieu de mère, et nous ne pourrions nous passer d'elle à la célébration de nos noces. Dis-moi si tu fais, pour les célébrer, de brillans préparatifs ? Il le faut, car la mariée est une riche héritière. J'ai des agrafes de vermeil et des anneaux d'hyacinthe pour me parer, mais je ne veux dans mes cheveux qu'une simple guirlande d'églantine. Elle s'interrompit de nouveau. Son égarement redoubloit. Un sourire affreux à voir s'arrêta sur sa bouche.—Ce sera une belle fête! continua-t-elle, tout l'enfer y sera. Le flambeau des noces de Jean Sbogar doit faire pâlir le soleil dans son midi. Vois-tu d'ici les conviés? Tu les connois tous. Je n'ai invité personne. En voilà qui ont les membres à demi-calcinés par le feu, des vieillards, des enfans dont les lambeaux se réveillent vivans des incendies que tu as allumés pour prendre part à tes plaisirs.... En voilà d'autres qui se lèvent dans leur linceul et qui se glissent à la table du festin en cachant des plaies sanglantes. O mon Dieu, quels monstres ont tué cette jeune femme ! Pauvre Séraphine ! Et de quel nom ils me saluent.... Les as-tu bien entendus?.... Salut, salut.... Je n'oserai jamais le répéter. Salut, disent-ils ! et ils murmurent tous ensemble le mot de ralliement des maudits, le cri de joie que Satan auroit poussé s'il avoit vaincu son créateur, la parole secrète que prononce une exécrable mère qui va égorger son enfant, pour se rendre sourde à ses gémissemens. —Salut a la fiancée de Jean Sbogar.....

En achevant ces mots, Antonia perdit connoissance. Cette crise fut longue et terrible : long-temps même on désespéra de sa vie. Pendant huit jours, le chef des voleurs, immobile au pied du lit sur lequel elle étoit couchée, attentif à tous ses mouvemens, ne s'étoit occupé d'aucun autre soin que de la servir. Il veilloit et pleuroit. Quand l'état d'Antonia fut amélioré, certain qu'elle s'étoit familiarisée avec son aspect, et qu'elle le voyoit sans effroi, il veilloit encore. Cette assiduité la frappa. Les réminiscences qu'elle avoit du passé étoient trop confuses pour que le nom de cet homme et les souvenirs qui y étoient attachés lui inspirassent un sentiment continu d'horreur. De temps en temps seulement, son ame se révoltoit contre l'idée de dépendre de lui, et sa seule approche la glaçoit d'épouvante ; mais plus ordinairement, abandonnée comme un enfant, par l'absence de sa raison, au seul instinct de ses besoins, elle ne voyoit plus, dans le capitaine des bandits de Duino, qu'une créature sensible et compatissante qui s'efforçoit d'adoucir l'amertume de ses souffrances, et qui prévenoit, avec empressement, ses moindres besoins. Alors elle lui adressoit des paroles douces et flatteuses, qui paroissoient redoubler la douleur secrète dont il étoit dévoré.

Un jour, entre autres, il étoit assis auprès d'elle, voilé suivant son usage, et attentif à protéger son sommeil contre tous les accidens qui pourroient le troubler. Elle se réveilla cependant tout-à-coup avec un mouvement brusque, en prononçant le nom de Lothario. Je le voyois, dit-elle en soupirant profondément, il étoit assis à ta place. Je l'y vois souvent dans mon sommeil, et je me trouve bien heureuse ; mais comment se fait-il que je croie l'y voir aussi quelquefois quand je suis éveillée, et quand il me semble que je ne rêve point ? C'est là, sous ce rideau, qu'il a coutume de venir. — Dans ces jours de douleur.... et d'espérance, où je me sentois appelée à l'éternelle liberté, un ruisseau de flammes parcouroit tous mes membres ; ma bouche étoit ardente, mes ongles bleus et meurtris. —

Tout, ici, étoit plein de fantômes. — On y voyoit des aspics d'un vert éclatant, comme ceux qui se cachent dans le tronc des saules ; d'autres reptiles, bien plus hideux, qui ont un visage humain; des géans démesurés et sans formes ; des têtes nouvellement tombées, dont les yeux pleins de vie me pénétroient d'un affreux regard ; et toi, tu étois aussi debout au milieu d'eux, comme le magicien qui présidoit à tous ces enchantemens de la mort..... Je criois de terreur, et j'appelois Lothario pour me protéger. — Tout-à-coup, ne ris point de ma chimère! je vis ce voile tomber, et, à l'endroit où tu étois placé, j'aperçus Lothario tout en larmes, qui étendoit vers moi ses bras tremblans, et qui me nommoit d'une voix gémissante.... Il est vrai que ce n'étoit point lui tel que je l'ai connu, triste, soucieux et sévère, mais beau d'une céleste bonté ! défait, livide, effaré, il tournoit des yeux sanglans ; sa barbe étoit épaisse et hideuse; un rire désespéré, comme celui des démons,

erroit sur ses lèvres pâles.....
Oh ! tu ne concevrois jamais ce qu'est devenu Lothario !....

Le voleur paroissoit n'avoir pas entendu Antonia. Il étoit plongé dans un silence profond. Il se leva et marcha dans la chambre à pas précipités, puis il revint vers Antonia et la contempla long-temps. Ses dents se heurtoient violemment. Une méditation horrible sembloit l'occuper tout entier, au point même de ne pas discerner l'effroi toujours croissant qu'il inspiroit à son infortunée prisonnière. Enfin elle se souleva sur son lit, parvint à se soutenir sur ses genoux, et lui cria, les mains croisées en signe de prière : Grâce, grâce, pardonne - moi ! ne crains rien de Lothario, il ne veut point d'Antonia. Je me donnois à lui, et il m'a refusée. —Grâce encore pour cette fois, et je ne t'en parlerai jamais !— Ensuite elle retomba, car ses forces étoient épuisées. Jean Sbogar vola à ses pieds, saisit l'extrémité d'un de ses vêtemens qui flottoit jusqu'à terre, y imprima sa bouche avec fureur, et s'enfuit.

CHAPITRE XVI.

Force du guerrier, qu'es-tu donc ? Tu roules aujourd'hui la bataille devant toi en nuage de poussière. Tes pas sont jonchés de morts, comme les feuilles desséchées marquent pendant la nuit la route d'un spectre. Demain le rêve momentané de la bravoure est fini, ce qui épouvantoit des milliers d'hommes a disparu. Le moucheron, porté sur ses ailes couleur de fumée, chante sur les buissons son hymne de triomphe, et insulte à ta gloire qui n'est plus qu'un vain mot.

Ossian.

Il y avoit deux mois qu'Antonia vivoit de cette manière parmi les brigands de Duino, sans que son état eût changé, sans qu'il eût donné d'espérance. Elle avoit seulement repris quelques forces, et elle aimoit à venir respirer l'air du soir à sa fenêtre, sur la mer. Un jour, aucune des personnes qui la servoient n'avoit paru auprès d'elle. C'étoit la première fois que cela arrivoit; mais elle s'en aperçut à peine. Le bruit du canon qui grondoit aux environs de Duino l'occupa davantage, parce que l'émotion qu'il lui causoit se répétoit souvent. Désirant de voir ses compagnes, elle descendit le grand escalier, parcourut les salles et les vestibules, et trouva le château désert. Le canon se rapprochoit, et chaque coup étoit suivi d'une rumeur semblable à celle de la tempête. Antonia remonta, ouvrit sa fenêtre et regarda la mer. Elle y remarqua un grand nombre de petits bâtimens ou de nacelles semblables à celles des pêcheurs, qui sembloient cerner le pied de la forteresse. Toutes ces impressions furent assez vives d'abord, mais elles s'effacèrent promptement. La nuit étoit tombée, l'air étoit serein, les flots tranquilles, le ciel peuplé de myriades d'étoiles resplendissantes, comme dans la nuit où le bateau d'Antonia avoit été arrêté sur les côtes d'Istrie en sortant des lagunes. Elle prit quelque temps plaisir à le contempler. Cependant le bruit qu'elle avoit entendu s'augmentoit derrière elle d'une manière menaçante. Elle crut distinguer un cliquetis d'épées, des imprécations, des gémissemens qui faisoient place, de moment en moment, à un silence de mort. Elle étoit trop malheureuse pour craindre, si elle avoit eu l'usage de sa raison, car son sort ne paroissoit pas susceptible de changer en mal ; mais elle ne vit, dans la catastrophe qui s'annonçoit, que le danger de souffrir, et les plaintes qui frappoient son oreille lui donnoient une idée affreuse des douleurs auxquelles elle alloit être exposée. Les galeries du château n'avoient pas été éclairées, et l'obscurité étoit devenue profonde. Elle s'y engagea cependant, et se glissa le long des murailles ténébreuses, en les suivant de la main. Quand elle fut au haut de l'escalier, elle écouta. Les cours étoient remplies d'hommes d'armes, qui parloient confusément. On ne se battoit plus. La crosse des fusils résonnoit seule en tombant sur les dalles du pavé. Tout-à-coup elle entendit un tumulte horrible, au milieu duquel s'élevoit le nom de Jean Sbogar. Un homme poursuivi s'élança dans l'escalier, et passa auprès d'elle comme l'éclair. Quelques flambeaux commençoient à luire sur les premiers degrés. Les baïonnettes se choquoient. Les marches de pierre retentissoient sous les pas des soldats. Antonia courut vers sa chambre ; et, en y rentrant, il lui sembla qu'on la nommoit d'une voix sourde. Qui m'appelle? dit-elle en tremblant. C'est moi, répondit Jean Sbogar, ne t'effraie point. Adieu pour toujours. Il s'étoit approché de la fenêtre, et déjà la troupe qui étoit à sa recherche remplissoit l'extrémité opposée de la galerie. Le voleur revint vers Antonia, et la saisit. C'est moi, c'est moi, dit-il; adieu pour toujours!—Antonia éprouvoit un sentiment vague d'horreur et de tendresse qu'elle ne comprenoit point. Sbogar frémissoit. Il la pressa d'un de ses bras contre son cœur.— Antonia, chère Antonia, s'écria-t-il! adieu pour toujours! Oh! pour la dernière fois, plus que cette minute dans tous les siècles! Antonia, chère Antonia!—Son voile étoit tombé, mais Antonia ne voyoit point son visage. Elle le touchoit, elle avoit senti le feu de son haleine. Au même instant les lèvres du brigand s'attachèrent aux siennes, et leur imprimèrent un baiser qui répandit dans les sens d'Antonia une ivresse inconnue, une volupté dévorante qui tenoit du ciel et de l'enfer. Profanation ou sacrilége! dit Sbogar. Tu es ma maîtresse et ma femme, et que le monde périsse maintenant!—En prononçant ces mots, il la déposa sur le degré élevé qui montoit à la fenêtre, et s'élança dans la mer. Les soldats entroient en foule. Ils s'étonnènèrent de ne pas voir le voleur, et demandèrent à Antonia si elle l'avoit aperçu. Paix, leur dit-elle, en appliquant son doigt sur sa bouche, il est allé le premier au lit nuptial, — et voilà, continua-t-elle en montrant le crêpe qu'il avoit laissé à ses pieds, voilà son présent de noces.

CHAPITRE XVII ET DERNIER.

>Celui que l'ange me fit voir alors étoit monté sur un cheval pâle, et traînoit tous les vivans à sa suite. Il s'appeloit LA MORT.
>
>APOCALYPSE.

LES troupes françoises venoient d'entrer dans les provinces vénitiennes. Le premier soin des généraux fut de purger ce pays des brigands qui l'infestoient, et qui pouvoient devenir pour une armée opposée le plus redoutable auxiliaire. C'est ce motif qui avoit déterminé l'attaque du château de Duino. Presque tous les bandits périrent les armes à la main. On ne put avoir vivans qu'un petit nombre d'entre eux que des blessures graves venoient de mettre hors de combat ou qui s'étoient précipités dans la mer, et qui y avoient été recueillis par ces nacelles qu'Antonia avoit observées. On présumoit que Jean Sbogar devoit se trouver parmi ces derniers; mais comme ses traits n'étoient pas connus des brigands eux-mêmes, rien ne pouvoit fixer sur ce point les doutes de leurs vainqueurs. Fitzer, Ziska et la plupart des principaux affidés du capitaine étoient morts à ses côtés avant qu'il rentrât dans le château. Les prisonniers furent envoyés à Mantoue pour y être jugés. On préféra cette ville assez éloignée à toute autre, parce qu'elle les mettoit hors de la portée et des tentatives de leurs complices, et que son heureuse position militaire la défendoit d'un coup de main. Antonia y fut conduite dans une voiture séparée. Son état de démence étant bien manifeste, on la confia dans un hôpital aux soins d'un médecin célèbre par les progrès qu'il avoit fait faire à la connoissance et au traitement de cette triste maladie. Ses efforts furent couronnés d'un funeste succès. Antonia guérit, et comprit toute l'étendue de son malheur.

Pendant le temps qu'elle avoit passé dans cette maison, elle avoit d'abord été l'objet de ces pieuses sollicitudes dont la religion seule peut enseigner le secret à la charité. A mesure qu'elle s'y étoit fait connoître, et que son esprit dégagé des ténèbres qui l'obscurcissoient avoit repris ce charme liant qui enchaîne le cœur, elle avoit excité autour d'elle, et surtout parmi les saintes filles qui desservoient cet hospice, un sentiment plus doux que la pitié. Elle étoit aimée. Comme aucune affection ne la rappeloit dans le monde, et que cet asile paisible étoit désormais tout pour elle, il lui fut aisé de s'accoutumer à l'idée d'y finir sa vie. Un peu pls tard, elle auroit été forcée de s'y résoudre. Quelques démarches pour rentrer dans ses grands biens restèrent inutiles. Des collatéraux avides, arrivés à la suite de l'armée, avoient fait constater la mort de madame Alberti, avoient supposé la sienne, et s'étoient emparés de son héritage. Ils étoient puissans. Cette spoliation les rendoit riches. Les réclamations d'Antonia ne pouvoient être entendues. Elle n'étoit plus aux yeux des hommes qu'une orpheline sans nom et sans aveu. Ce fut la moindre de ses infortunes, et son cœur ne la ressentit qu'en pensant au bien qu'elle auroit pu faire dans son nouveau genre de vie si elle y avoit apporté les ressources de l'opulence. Ses bijoux suffirent du moins à sa dot et à la distribution des aumônes qui devoient faire connoître aux pauvres qu'il leur étoit venu à l'hôpital de Sainte-Marie une bienfaitrice de plus. Le jour de sa profession, long-temps retardé à cause de son extrême foiblesse, étoit enfin arrivé quand deux sbires vinrent la mander au nom de la justice.

L'instruction du procès des brigands étoit achevée. Ils avoient été condamnés à la peine capitale au nombre de quarante, mais rien ne prouvoit que Jean Sbogar fût parmi eux, et la terreur de ce nom formidable planoit encore sur les provinces vénitiennes, où il pouvoit seul rallier de nouvelles bandes aussi dangereuses que la première. Dans cette incertitude, on se rappela la jeune fille folle qui avoit été trouvée au château de

Duino, et que tous les témoignages s'accordoient à présenter comme le seul objet qui eût jamais attendri l'implacable férocité de Jean Sbogar. On pensa qu'elle le reconnoîtroit sans doute parmi ses complices s'il se trouvoit avec eux, et que son premier mouvement l'indiqueroit d'une manière certaine; c'est pour cela qu'on avoit jugé à propos de la faire placer dans la grande cour des prisons, au moment où les condamnés y passeroient pour la dernière fois.

Antonia étoit revêtue de son habit de noviciat; ses cheveux étoient déjà attachés sous le bandeau des vierges, dont son teint pâle effaçoit la blancheur : deux sœurs hospitalières l'accompagnoient. Presque incapable de se soutenir, elle s'appuyoit sur le bras de l'une d'elles; sa main étoit fixée sur l'épaule de l'autre, et sa tête retomboit sur sa poitrine. Bientôt un bruit étrange se fit entendre ; c'étoit l'exclamation d'une horrible impatience qui se voyoit enfin satisfaite: elle leva les yeux et crut distinguer quelque chose d'extraordinaire ; mais sa vue la servoit mal. Un officier de justice qui s'en aperçut la fit avancer de quelques pas : elle vit plus distinctement, sans comprendre ce qu'elle voyoit : c'étoient des hommes dont le costume hideux la navroient de terreur, et qui s'avançoient sur une seule ligne devant une haie de soldats. Leurs pas étoient mesurés, leurs stations fréquentes. A chacun d'eux elle sentoit s'accroître son affreuse inquiétude ; enfin elle fut frappée d'une illusion effroyable et crut retomber en proie au délire dont elle venoit d'être sauvée. C'étoit lui—C'étoit ce tableau qui lui avoit inspiré une terreur si profonde à Venise, quand la tête de Lothario apparut dans une glace au-dessus de son schall rouge. Elle s'avança d'elle-même pour convaincre ou pour détromper ses yeux; sa physionomie avoit le même caractère. Il étoit enveloppé d'une robe ou d'un manteau de la même couleur. C'étoit lui—Lothario! s'écria-t-elle d'une voix déchirante en se précipitant vers lui. Lothario se détourna et la reconnut. Lothario, dit-elle en s'ouvrant un passage au travers des sabres et des baïonnettes, car elle concevoit qu'il alloit mourir! Non, non, répondit-il, je suis Jean Sbogar!—Lothario! Lothario!.... — Jean Sbogar, répéta-t-il avec force!— Jean Sbogar, cria Antonia! O mon dieu!....et son cœur se brisa. Elle étoit par terre, immobile; elle avoit cessé de respirer. Un des sbires souleva sa tête avec la pointe de son sabre, et lui laissa frapper le pavé en l'abandonnant à son poids. Cette jeune fille est morte, dit-il.. —Morte, reprit Lothario en la considérant fixément—Marchons !

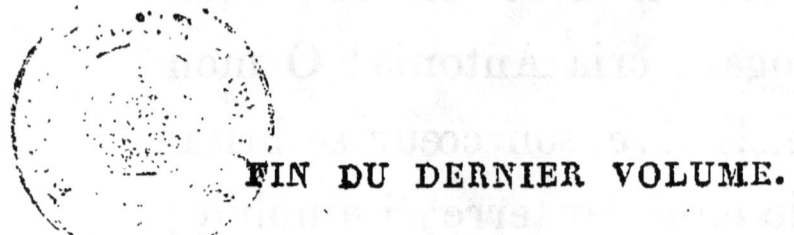

FIN DU DERNIER VOLUME.

CATALOGUE

DES OUVRAGES QUI ONT PARU

JUSQU'A CE JOUR

A LA LIBRAIRIE DE GIDE FILS,

RUE SAINT MARC FEYDEAU, N.º 20, A PARIS.

N. B. Pour les recevoir francs de port par la poste, il faut ajouter 1 fr. 50 c. par volume in-8º, et 75 c. par volume in-12.

LES LETTRES NON AFFRANCHIES NE SONT PAS REÇUES.

DE LA MONARCHIE FRANÇAISE, depuis la seconde restauration jusqu'à la fin de la session actuelle, par M. le comte de Montlosier, 1818; un gros vol. in-8º, 7 fr. 50 c.

VOYAGE DANS LE BELOUTCHISTAN ET DANS UNE PARTIE DE LA PERSE, fait pendant quelque temps sous le déguisement d'un pèlerin mahométan, contenant des anecdotes et des descriptions propres à faire connoître les mœurs et les usages des habitans; suivi d'un Voyage dans le Sindhy; par *Henry Pottinger*, traduit de l'anglois, par *J. B. Eyriès*, 2 vol. in-8º, avec carte et figures, 14 fr.

RELATION DE L'EXPÉDITION entreprise en 1816 sous les ordres du capitaine Tuckey, pour reconnoître le cours du Zaïre, communément appelé le Congo, grand fleuve de l'Afrique méridionale, suivi du journal du professeur Smith, et d'observations sur le pays et les habitans, imprimé avec la permission des lords de l'amirauté; traduit de l'anglois par l'auteur de *Quinze jours à Londres*, 1818, 2 vol. in-8º, avec un atlas in-4º. *Sous presse.*

VOYAGE DU CAPITAINE RUSSE GOLOVNIN, contenant l'Histoire de sa captivité au Japon dans les années 1811, 1812 et 1813, avec des observations sur cet Empire et ses Habitans; traduit par *J. B. Eyriès*, 1818, 2 vol. in-8º, avec carte et fig., 12 fr.

SOUVENIRS DES ANTILLES, VOYAGE fait en 1815 et 1816 aux Etats-Unis, et dans l'Archipel Caraïbe; aperçu de Philadelphie et de New-Yorck; description de la Trinidad, la Grenade, Saint-Vincent, Sainte-Lucie, Martinique, la Guadeloupe, Marie-Galante, Saint-Christophe, Sainte-Croix et Saint-Thomas, par M. ...., 1818, 2 vol. in-8º, 12 fr.

VOYAGE DU CAPITAINE MAXWELL, commandant l'*Alceste* (à bord duquel étoit lord Amherst, ambassadeur en Chine), sur la mer Jaune, le long des côtes de la Corée et dans les îles de Liou-tchiou, avec la relation de son naufrage dans le détroit de Gaspar et de son entrevue avec Buonaparte en juin 1817; par *John M'Leod*; traduit de l'anglois, 1818, un vol. in-8°, avec 5 planches, 2° édition, 7 fr. 50 c.

VOYAGE AUX ILES TONGA OU DES AMIS, situées dans l'Océan Pacifique, contenant l'Histoire des Naturels de ces îles depuis leur découverte par le capitaine Cook jusqu'à ce jour, avec une description de leurs mœurs, de leurs usages, etc., etc.; par *Mariner*; traduit de l'anglois par l'auteur de *Quinze jours à Londres*, décembre 1817; 2 vol. in-8°, 12 fr.

VOYAGE EN NORVÈGE ET EN LAPONIE, fait en 1807 et 1808, par M. de *Buch*, membre de l'académie des Sciences de Berlin, contenant une description de ces pays, des détails sur les mœurs et les usages des habitans, et des recherches curieuses sur l'Histoire de ces contrées, etc., etc.; ouvrage traduit de l'allemand par M. *Eyriès*, et enrichi d'une Introduction par M. le baron de *Humboldt*, 2 vol. in-8°, avec cartes; 1816, 12 f.

VOYAGE DANS L'INTÉRIEUR DU BRÉSIL, particulièrement dans les districts de l'Or et du Diamant, fait avec l'autorisation du Prince-Régent de Portugal, en 1809 et 1810, contenant aussi un Voyage au Rio-de-la-Plata, et un Essai historique sur la révolution de Buénos-Ayres, par *J. Mawe*, traduits de l'anglois par *Eyriès*; décemb. 1816, 2 vol. in-8°, avec planches et cartes, 12 f.

VOYAGE EN ALLEMAGNE ET EN POLOGNE pendant les années 1806 à 1812, contenant des anecdotes curieuses sur M. de Pradt, archevêque de Malines; des détails jusqu'ici inconnus sur les Amazones de Bohème, sur l'affaire du collier, sur les Jésuites, sur l'abbé Georgel, sur le cardinal de Bernis, madame de Pompadour, le duc de Choiseul; par M. *Gley*; 1816, 2 vol. in-8°, 8 f.

Le second volume se vend séparément 4 f.

VOYAGE FAIT DANS LES ANNÉES 1816 et 1817 de New-Yorck à la Nouvelle-Orléans, et de l'Orénoque au Mississipi par les petites et les grandes Antilles, 2 vol in-8°. *Sous presse*.

VOYAGE EN ALLEMAGNE, POLOGNE, MOLDAVIE ET TURQUIE, par Adam Neale, docteur en médicine, traduit de l'anglois par l'auteur de *Quinze Jours à Londres*; 2 vol. in-8°. *Sous presse*.

HISTOIRE DES TRAITÉS DE PAIX entre les puissances de l'Europe, depuis la paix de Westphalie jusqu'au traité de Paris du 20 novembre 1815; par feu M. *Koch*, professeur de droit public à l'université de Strasbourg; ouvrage entièrement refondu, augmenté et continué par M. *Schœll*, chevalier de plusieurs ordres, conseiller d'ambassade de S. M. le Roi de Prusse près la cour de France; 15 vol. in-8°, 105 fr. Les deux derniers volumes (XI et XV) paroîtront en juillet.

LE CORRESPONDANT, ou Collection de Lettres d'écrivains célèbres de France, d'Angleterre et autres pays de l'Europe, sur la politique, la morale et la littérature, destinées à offrir un tableau exact de la situation de chaque nation, à éclairer les peuples sur leurs véritables intérêts, à provoquer une bienveillance réciproque entre eux, et à rendre la paix une source de prospérité commune; 1817 et 1818, 5 vol. in-8°, 25 f.

LES COURS DU NORD, contenant des Mémoires originaux des Souverains de Suède et de Danemarck depuis 1760, avec les événemens extraordinaires de la vie des petits-enfans de George III; traduit de l'anglois, 1 vol. in-8°. *Sous presse*.

PARTICULARITÉS AUTHENTIQUES SUR LA MORT DE LA PRINCESSE CHARLOTTE et de son Enfant, par M. *Hoon*; traduit de l'anglois, avec portrait, in-8°; décembre 1817, 1 f. 50 c.

DE L'ESPRIT D'ASSOCIATION dans tous les intérêts de la communauté, ou Essai sur le bien-être et la richesse en France par le complément des institutions; par le comte *Alex. de la Borde*, un gros vol. in-8° de 600 pages; 1818, 7 f. 50 c.

OBSERVATIONS SUR LES OUVRAGES DE M. DE PRADT, sur les Colonies, par M. *Fauchat*, de plusieurs sociétés savantes. Paris, novembre 1817, 1 f. 80 c.

POLITIQUE DU PEUPLE, ou Essai sur l'abus des mots magiques de la révolution; mars 1818, in-12, 3 f.

MOSCOU AVANT ET APRÈS L'INCENDIE, par *deux témoins oculaires*, ou Notice contenant une description de cette capitale, des mœurs de ses habitans, des événemens qui se sont passés pendant l'incendie, et des malheurs qui ont accablé l'armée françoise pendant sa retraite, un vol. in-8º; 1818, 4 f.

LETTRES D'UN CURÉ DE CANTON, sur l'enseignement mutuel, ou les écoles à la Lancaster, 1818, in-8º, 1 fr. 80 c.

LES PURITAINS D'ÉCOSSE, OU LE NAIN MYSTÉRIEUX, 1817, 4 vol. in-12, 9 fr.

RÉFLEXIONS SUR LES CONSTITUTIONS, LA DISTRIBUTION DES POUVOIRS ET LES GARANTIES DANS UNE MONARCHIE CONSTITUTIONNELLE, par *Benjamin Constant*, 3 fr. 50 c.

RECHERCHES SUR L'ORIGINE, LES PROGRÈS, LE RACHAT, L'ÉTAT ACTUEL et la RÉGIE DE LA DETTE NATIONALE DE LA GRANDE-BRETAGNE, par *Robert Hamilton*; traduit sur la deuxième édition par *J.-Henri La Salle*; 1817, 1 vol. in-8º, 6 f.

MÉMOIRES SUR LA GUERRE D'ESPAGNE, par M. *Rocca*, officier de hussards, 1 vol. in-8º, 5 f.

Ce qui caractérise ces Mémoires, c'est qu'ils ne contiennent pas seulement des récits militaires, mais aussi le tableau des mœurs des Espagnols, et de l'esprit national qu'ils ont montré pendant le cours de leur glorieuse résistance.

VIE DU GÉNÉRAL MONK, duc d'Albemarle, qui a rétabli le trône de Charles II; par *Desvaulx*, 1 vol. in-8º; 1815, 3 f.

RECUEIL DES PIÈCES DE J. B. PICARD qui ont paru depuis l'impression de son Théâtre; savoir :

M. de Boulanville, les *Deux Philibert*, une *Matinée d'Henri IV*, le *capitaine Belronde*, *Vanglas*; en tout 6 pièces, 9 f. Chaque pièce se vend séparément 2 f.

LE PRISONNIER DE NEWGATE, drame en cinq actes et en vers, par M. *Draparnaud*, représenté pour la première fois, le 24 mai 1817, sur le théâtre royal de l'Odéon, in-8º, 2 f.

SIX SEMAINES EN HOTEL GARNI A LONDRES, ouvrage traduit de l'anglois par l'auteur de *Quinze jours* et de *Six mois à Londres*, avec des notes du traducteur; 1817, 1 vol. in-8º, 5 f.

ESSAI SUR LES ÉLÉMENS DE LA PHILOSOPHIE, par *G. Gley*, principal de collége à Alençon, avec la version latine en regard; 1817, 1 vol. in-8º, 5 f.

ÉTRENNES A MES ENFANS, suivies d'un Théâtre de société, par l'auteur du *Voyage sentimental à Yverdun et en France*, jolie édition sur papier vélin, propre à être donnée en présent aux jeunes gens de l'un et l'autre sexe, avec une gravure; 31 décemb. 1816, 2 vol. in-18, 4 f.

ESSAI SUR LA VIE DE THOMAS WENTWORTH, comte de Strafford, ministre de Charles Ier, et sur l'Histoire générale d'Angleterre et celle d'Irlande, par le comte *Lally-Tolendal*, 1 gros vol. in-8º; 1814, 7 f.

DE LA MONARCHIE FRANÇAISE depuis son établissement jusqu'à nos jours, ou Recherches sur les anciennes institutions françaises, leur progrès, leur décadence, et sur les causes qui ont amené la Révolution et ses diverses phases, jusqu'à la déclaration d'Empire; avec un supplément sur le gouvernement de Buonaparte depuis ses commencemens jusqu'à sa chute, et sur le retour de la maison de Bourbon, 3 vol. in-8°, 15 fr.

DE LA MONARCHIE FRANÇAISE, depuis le retour des Bourbons jusqu'au 1er avril 1815; considérations sur l'état de la France à cette époque; examen de la Charte constitutionnelle, de ses défectuosités, et du principe sur lequel l'ordre social peut être recomposé, 1 vol. in-8°, 7 fr.

DICTIONNAIRE DE LA LANGUE ORATOIRE et POETIQUE; par M. *Planche*, professeur de rhétorique au collége Bourbon; 2 gros vol. in-8°, grand-raisin. *Sous presse.*

RECHERCHES POLITIQUES ET HISTORIQUES qui prouvent l'existence d'une secte révolutionnaire, son antique origine, son organisation, ses moyens, ainsi que son but, et qui dévoilent entièrement l'unique cause de la révolution; par M. de *Malet*, ancien officier au corps Royal de l'artillerie (frère du général Malet, fusillé en 1812), un vol. in-8°; septembre 1817, 4 f. 50 c.

LOUIS XVI PEINT PAR LUI-MEME, ou Correspondance et autres écrits de ce Monarque, précédés d'une Notice sur la vie de ce Prince, avec des notes historiques sur sa correspondance et ses autres écrits; 1817, 1 vol. in-8°, 7 f., pap. vél., rel. 20 f.

Cet ouvrage a été enlevé avec une extrême rapidité, il n'en reste que peu d'exemplaires.

MÉMOIRES DE L'ABBÉ EDGE-WORTH DE FIRMONT, dernier confesseur de Louis XVI, trad. de l'anglois par M. *D****; 3e édition, augmentée du Testament de Louis XVI, de celui de Marie-Antoinette, et d'une pièce relative à l'évasion de l'abbé Edgeworth; décembre 1816, 1 vol. in-8°, 4 f. 50 c.

EXTRAITS DE LETTRES ÉCRITES A BORD DU *NORTHUMBERLAND* (vaisseau sur lequel étoit Buonaparte) pendant la traversée de Spithead à Sainte-Hélène et durant quelques mois de séjour dans cette île, en 1815 et 1816, 1 vol. in-8°; 1817, 2 f. 50 c.

HISTOIRE DES DEUX CHAMBRES DE BUONAPARTE, depuis le 3 juin jusqu'au 7 juillet 1815, contenant le détail exact de leurs séances, avec des observations sur les mesures proposées et les opinions émises pendant la durée de la session; 2e édition, augmentée du Projet de Constitution de la chambre *dite* des Représentans, et précédée de la Liste des Pairs et des Députés des cent jours, 1 vol. in-8°; 1817, 4 f. 50 c.

ANNALES DU RÈGNE DE GEOR-GE III, depuis l'avénement de ce Monarque au trône de la Grande-Bretagne, en 1760, jusqu'à la paix générale conclue en 1815, contenant l'Histoire de ce pays, celle des autres états de l'Europe, ainsi que les événemens remarquables qui se sont passés dans les différentes parties du monde durant cette période; par *John Aikin*, traduit de l'anglois par *J.-B. Eyriès*; 1817, 3 v. in-8°, 16 f.

LES MÉROVINGIENS ET LES CAR-LOVINGIENS, et la France sous ces deux dynasties, 2 gros vol. in-8°, caractère philosophie, avec des cartes représentant les diverses variations dans le territoire de la France sous les deux premières races, des esquisses généalogiques de tous les rameaux des deux maisons royales et des familles puissantes dont on fait connoître l'origine, les alliances et les intérêts, avec un Tableau des grands vassaux, qui facilite autant la connoissance de la division territoriale de la France que l'intelligence des événemens; 1816, 13 f.

Cet ouvrage, composé sur les chroniques contemporaines, appuyé sur des chartes et des diplomes authentiques, jusqu'ici presque ignorés, présente une série incontestable de faits que l'auteur n'a chargé d'aucun détail inutile. On y trouve tout ce qui peut concerner l'histoire, la chronologie, la géographie, la généalogie, et l'on pourroit même dire la statistique de la France pendant les deux premières dynasties. Il n'est pas de province, de ville, de François qui ne puissent trouver dans cet ouvrage les faits qui les intéressent.

HISTOIRE DES SOCIÉTÉS SECRÈ-TES DE L'ARMÉE et des Conspirations militaires qui ont eu pour but la destruction du gouvernement de Buonaparte, 1 vol. in-8° de 352 pages. Nouvelle édition conforme à la première; 1815, 5 f.

ET PONTIFICAT DE LÉON X, par *William Roscoë*, traduits de l'anglois, par M. *Henry*, 4 vol. in-8º, ornés du portrait de Léon X et d'un grand nombre de médailles. 2ᵉ édition, revue et corrigée; 1813, 25 f.

Le même ouvrage sur papier vélin, dont il n'a été tiré que 25 exemplaires, 50 f.

ŒUVRES COMPLÈTES DE MOLIÈRE, précédées du Tableau de la Société pendant le XVIIᵉ siècle, avec une Vie de Molière et des Réflexions sur chacune de ses pièces, par M. *Petitot*, censeur des études, éditeur du *Répertoire du Théâtre François*, 6 vol. in-8º, contenant pour la première fois, outre le portrait de Molière, une gravure à chaque pièce, où l'on s'est attaché à conserver exactement les costumes du temps et la tradition théâtrale. 3ᵉ *tirage*. Prix de souscription, 36 fr.

On s'est bientôt aperçu que le mérite des éditions *compactes* ou *économiques* ne consistoit que dans leur bon marché; mais pour les donner à bas prix, les éditeurs sont obligés d'employer de petits caractères, de serrer les lignes, afin de faire entrer le contenu de plusieurs volumes dans un seul, qui se trouve d'une grosseur démesurée. L'œil ne sait où se reposer, toute élégance typographique est bannie, et art semble ramené à son enfance.

Il restoit donc à résoudre le problème de réunir le mérite du bon marché à celui d'une belle exécution typographique, et d'un format commode.

Nous y sommes parvenus par le moyen de la stéréotypie. C'est en employant ce procédé ingénieux que nous pouvons offrir une très-belle édition des *Œuvres de Molière*, en 6 vol. in-8º de plus de 500 pages chacun, avec 31 planches, fruits du travail d'habiles artistes, pour le prix de 36 f.

Un autre mérite de cette édition, que tous les gens de lettres sauront apprécier, c'est d'être enrichie des notes et des autres écrits de Petitot sur notre grand comique.

On sait d'ailleurs qu'un des avantages des éditions stéréotypes est d'atteindre à une extrême correction, et ce 3ᵉ tirage en sera un exemple frappant : toutes les fautes signalées dans les précédens tirages ne paroîtront pas dans celui-ci et il n'y en aura aucunes nouvelles.

Les 6 volumes seront livrés en août prochain à MM. les souscripteurs.

On rappelle que, passé le 1ᵉʳ juillet, on ne recevra plus de souscriptions, et que les exemplaires qui n'auront pas été retenus seront du prix de 48 fr.

MÉMOIRES DE LOUIS DE SAINT-SIMON, duc et pair de France, etc., pour servir à l'histoire du règne de Louis XIV, de la régence et de Louis XV; nouvelle édition, mise dans un meilleur ordre, et accompagnée de notes critiques et historiques; par M. *F. Laurent*, professeur au collège royal de Charlemagne; 6 vol. in-8º, 36 f., et sur papier vélin satiné, 72 f.

ROMANS.

ORMOND, par miss *Edgeworth*, roman traduit de l'anglois par l'auteur de *Quinze jours à Londres*; 3 vol. in-12, 7 f. 50 cent.

HARRINGTON, par miss *Edgeworth*, roman traduit de l'anglois par le même; 2 v. in-12, 5 f.

Nota. Ces romans ont paru à Londres au mois d'août dernier, et ont eu le plus grand succès, comme tout ce qui sort de la plume de miss Edgeworth.

LA PETITE HARPISTE, ou l'Amour au Mont-Géant, roman d'Auguste Lafontaine, traduit par ***, avec deux Romances imitées du texte allemand; par Madame *Victoire Babois*, 2 vol. in-12; 1816, 4 f. 50 c.

SIX NOUVELLES, par *Joseph C. M.*, auteur du *Récit de l'évasion d'un officier pris à Quiberon*; 3 vol. in-12, 7 f. 50 c.

ALMED, ou LE SAGE DANS L'ADVERSITÉ, Mémoires recueillis par l'auteur du *Voyage sentimental à Yverdun et en France*; 3 vol. in-12 d'environ 300 pages chacun, 7 f. 50 c.

ALOIZE DE MESPRES, histoire tirée des Chroniques du XIIᵉ siècle, par Madame *de R****; jolie édition, 1 vol. in-12, novembre 1814, 3 f.

AVADORO, histoire espagnole; par M. le comte *Potocki*, 4 vol. in-12; 1814, 10 f.

DIX JOURNÉES DE LA VIE D'ALPHONSE VAN VORDEN, manuscrit trouvé à Saragosse; par le comte *J. Potocki*, 1 vol. in-12, 4 f.

CORINNE, OU L'ITALIE, par Madame de *Staël*, nouvelle édition, 3 vol. in-12. Paris, 1817, 9 f.

OUVRAGES

POUR COMPTE D'AUTEURS.

SERMONS DE FEU M. DAVID-HENRI DURAND, pasteur à Londres, choisis et mis en ordre par *J. L. Chirol*, pasteur de l'église de Saint-Jean et de celle de Grave, et chapelain de la chapelle du Roi, au palais de Saint-James. Londres 1814, 1 vol. grand in-8o, 20 f.

THÉORIE-PRATIQUE DU CODE DE PROCÉDURE CIVILE ET DU CODE CIVIL, en ce qui concerne l'instruction et l'exposé des motifs servant de commentaire à ces lois; par *Charbonnier*, ancien procureur au parlement de Paris. Paris 1807, 2 vol. in-8o, 12 f.

TYDOLOGIE, OU SCIENCE DES MARÉES, par le chevalier de *Sade*, officier de la marine de S. M. T. C., et capitaine d'artillerie de S. M. B.; 2 gros vol. in-8o, avec fig. Londres, 1810, 21 f.

LA VÉRITÉ SUR L'ANGLETERRE par un *François*. Londres 1817, 2 vol. in-8o, 18 f.

RECUEIL DE PIÈCES OFFICIELLES destinées à détromper les François sur les événemens qui se sont passés depuis plusieurs années; 9 vol. in-8o. 1814-1815, 72 f.

ALMANACH DU COMMERCE de Paris, des départemens de la France et des principales villes du monde; par *J. de la Tynna*; 1818, un vol. in-8o de 1126 pages, 12 f.

DIALOGUES POLITIQUES sur les principales opérations du gouvernement français depuis la restauration, et sur les conséquences nécessaires, par l'auteur de la Tydologie. Londres, 1815, 2 fr.

TABLEAU DES RÉVOLUTIONS DE L'EUROPE depuis le bouleversement de l'Empire Romain; par *Koch*. 4 vol. in-8o, avec cartes et tables; 1814, 34 f., et sur papier vélin satiné, 68 f.

HISTOIRE DE LA LITTÉRATURE GRECQUE; par *Fr. Schoell*. 1813, 2 vol. in-8o, 12 f.

HISTOIRE DE LA LITTÉRATURE ROMAINE, par le même; 1815, 4 vol. in-8o, 24 f.

CONGRÈS DE VIENNE, ou Recueil de Pièces officielles relatives à cette assemblée; 1816 et 1817, 6 vol. in-8o, 30 f.

TABLES GÉNÉALOGIQUES DES MAISONS SOUVERAINES DU NORD ET L'EST DE L'EUROPE, ouvrage posthume de M. *Koch*, publié par *Schoell*; 1re livraison, contenant les Souverains des trois maisons du nord ou de la Scandinavie, in-4o, 10 f.

2e Livraison, contenant les Grands-Ducs, Tzars et Empereurs de Russie, in-4o, 3 f. 50 c.
3e Livraison, contenant les ducs et rois de Pologne, 6 fr. 50 c.

Les autres livraisons sont sous presse.

DESCRIPTION DE ROME ANCIENNE, par *Schoell*, 1811, un vol. in-18, avec fig., 3 fr.

MÉMOIRES DE CHIRURGIE MILITAIRE et Campagnes du baron *D.-J. Larrey*, 4e vol., contenant les opérations de l'auteur dans ses campagnes de Russie, de Saxe et de Champagne (France), un fort vol. in-8o, avec 6 planches. Prix, 7 f.

Ce volume, qui complète l'ouvrage, fait suite aux trois premiers, publiés depuis plusieurs années, et qui contiennent les Campagnes d'Égypte, d'Italie, d'Allemagne, etc.: ils sont aussi accompagnés de gravures. Prix, 18 f.

RECUEIL DES CHEVALIERS DE SAINT-LOUIS, 1er vol., in-8o, contenant toutes les Ordonnances relatives à l'Ordre, et une partie des noms de ses membres. Prix, 6 f. Les tom. 2 et 3 paroîtront successivement.

www.ingramcontent.com/pod-product-compliance
Lightning Source LLC
Chambersburg PA
CBHW070656170426
43200CB00010B/2263